南京航空航天大学可持续发展研究丛书

网络科学视角下的
互联网金融系统性风险研究

米传民　张　婷　钱媛媛　叶　楠　著

科学出版社
北　京

内 容 简 介

互联网的外部性特征以及技术性风险，改变着金融系统的风险特征，研究互联网金融的系统性风险问题具有重要价值。本书结合大数据、机器学习发展，运用复杂网络和超网络等网络模型，研究互联网金融发展下的我国互联网金融风险以及由此带来的整个金融系统风险问题，从而为金融监管部门制定相关监管政策、促进金融系统稳定可持续发展提供理论支撑。本书特色是从网络科学视角，建立风险模型，量化研究互联网金融的系统风险。

本书的读者对象主要是金融风险理论研究者和研究生；也可供金融监管部门、互联网金融企业风险管理部门的管理者以及风险从业者阅读参考。

图书在版编目（CIP）数据

网络科学视角下的互联网金融系统性风险研究 / 米传民等著. —北京：科学出版社，2024.8

（南京航空航天大学可持续发展研究丛书）

ISBN 978-7-03-077696-9

Ⅰ. ①网⋯ Ⅱ. ①米⋯ Ⅲ. ①互联网络－应用－金融风险－风险管理－研究－中国 Ⅳ. ①F832.29

中国国家版本馆 CIP 数据核字（2024）第 018247 号

责任编辑：王丹妮 / 责任校对：贾娜娜
责任印制：赵 博 / 封面设计：无极书装

科学出版社出版
北京东黄城根北街 16 号
邮政编码：100717
http://www.sciencep.com

北京厚诚则铭印刷科技有限公司印刷
科学出版社发行 各地新华书店经销

＊

2024 年 8 月第 一 版 开本：720 × 1000 1/16
2025 年 1 月第二次印刷 印张：9 3/4
字数：196 000

定价：118.00 元

（如有印装质量问题，我社负责调换）

前　　言

互联网作为一种技术创新，正在深刻影响着社会的方方面面，如电子商务的兴起与发展。与之相伴，金融业也面临着在互联网背景下如何进行发展与创新的问题。互联网金融给金融体系带来深刻的、具有变革意义的影响，有力地促进了金融服务质量和效率的提升。但在全球政治经济以及新冠疫情带来的高度不确定性环境下，互联网金融本身的特有风险给金融系统注入了新的风险因素，带来了风险结构的内在和外在的变化。互联网具有外部性特征，互联网金融发展引发的技术性风险和"长尾"风险突出，改变了金融体系风险结构，加剧了系统风险的传播和影响。近年来，我国政府和学界对互联网金融风险及互联网金融发展带来的整个金融系统的风险新特征高度关注，在"守住不发生系统性金融风险的底线"前提下，如何既保持金融发展，又做好金融风险管控，成为研究的重要问题。

本书基于我国互联网金融发展现状，结合大数据、机器学习发展，将金融系统中的金融机构（主要包括但不局限于银行）和投资者等作为网络节点，将金融机构之间以及之内的资金往来作为网络的边，运用复杂网络和超网络等网络模型，结合大数据的发展带来的数据驱动管理的思路，研究互联网金融发展下的我国互联网金融风险以及由此带来的整个金融系统风险问题，从而为中央和金融监管有关部门制定相关监管政策、促进金融系统稳定可持续发展提供理论支撑，提高我国金融风险研究和金融监管水平。

本书从网络科学视角研究互联网金融发展下的我国金融系统均衡状态、系统风险及其传染问题，主要研究内容包括以下五个方面。

1. 互联网金融概述及复杂网络在金融风险研究中的应用

作为全书的理论基础，本部分主要阐述互联网金融的基本概念、效益和特征，分析互联网金融的风险成因、类型以及给传统金融带来的影响；在对网络基本理论进行介绍的基础上，介绍复杂网络和超网络的基本内容，分析其在金融风险研究中的应用。

2. 互联网金融发展下的金融系统超网络均衡与系统风险研究

互联网金融广泛且深入的应用，给金融体系带来了变革。本书研究的金融系统既包括传统金融主体，如传统银行、证券和保险等业务形态主体，也包括新型互联网金融主体，如网络支付、互联网借贷、众筹等。这给金融发展与金融监管带来机遇与挑战。本部分主要研究互联网金融发展下的金融系统超网络均衡和系统风险问题。

3. 基于复杂网络模型的互联网金融系统风险传染研究

考虑互联网金融风险的传播渠道新、范围广、速度快等特点，构建基于预期传染渠道的互联网金融复杂网络模型，研究互联网金融复杂网络的无标度等网络特征，构建基于互联网金融系统风险传染的 SEIS（易感者–潜伏者–染病者–易感者，susceptible-exposed-infected-susceptible）模型，研究单一因素影响和双因素影响下的风险传染过程，并通过进行仿真试验，进而研究随机免疫和目标免疫等不同免疫策略的实施效果。研究风险由互联网金融内部循环传递给传统金融行业的路径，挖掘系统风险的潜在隐患。

4. 基于 t-SNE 机器学习模型的金融系统风险空间聚集研究

从金融系统风险的空间聚集视角，构建 t 分布随机邻嵌入（t-distributed stochastic neighbor embedding，t-SNE）机器学习算法进行互联网金融发展的降维和聚类研究，得到我国互联网金融空间集聚和不同业务模式发展的分布特征，提出考虑互联网金融发展区域差异造成的三个方面的系统风险，为防范互联网金融下的系统风险提出建议。

5. 企业微观视角的金融科技风险波动研究

从企业微观视角，构建综合考虑风险波动率和风险量的风险分析方法，灵活切换风险管理所需的观测尺度，如日、周、月等，互联网技术公司可以了解自己在行业中的风险地位，监管机构可以及时观察行业的整体风险动态，实现风险管理的前置。

目　　录

第1章 绪　　论

1.1　互联网金融风险背景

互联网金融作为金融创新的重要组成部分，不仅使资金需求者低成本获得所需资金，也可有效解决普惠金融（inclusive financial）的中小企业融资难的问题，使得中小企业获得更多融资机会。理论上，这可以促进金融资源有效配置，为生产和技术创新提供支持。在如今全球经济不确定性增加、证券市场和房地产市场风险增大、银行利率较低的环境下，互联网金融，如支付宝中的理财工具，为广大投资人提供了投资理财的方便渠道。

然而，互联网金融在高速发展的同时，其自身风险也在逐渐暴露，并给金融系统乃至整个经济系统带来风险。2015年至2018年间，互联网金融行业中的非法集资、信用违约等事件屡见不鲜，令互联网金融发展如履薄冰。我国中央层面高度重视互联网金融的创新发展与监管协调发展问题。2014年提出"促进互联网金融健康发展"[①]，2016年强调"规范发展互联网金融"[②]，而在2017年指出"加强金融风险防控"[③]。这些措辞不仅反映了我国互联网金融发展过程中与之伴生的风险问题，更彰显了中央和有关部门对互联网金融带来的风险进行有效防范和控制的坚定决心。

互联网给经济、管理、金融等众多行业和领域的发展带来了机遇与挑战，其中互联网金融充分利用了互联网的优势，向传统金融发起挑战，在一定程度上提高了金融资源配置效率，促进了金融的普惠发展。但随着网络支付、P2P（peer to peer，点对点）信贷、众筹等互联网金融新模式的普及，P2P平台违约、跑路等互联网金融风险问题集中爆发并产生巨大影响，互联网金融的发展带来的金融系统风险成为学界和业界关注的重要问题。互联网金融同时具有传统金融领域的风险和互联网环境下的风险，这一双重性使其存在着与传统金融不同的、风险特征未知、比传统金融影响更大的风险。互联网具有"长尾效应"，长尾人群是互联网金融的主要服务群体，由于信息不对称，这类群体容易受到负面舆论情绪的影响，使得风险在互联网金融平台间进行

---

① 2014年《政府工作报告》。
② 2016年《政府工作报告》。
③ 2017年《政府工作报告》。

传播，且不断积累、放大，形成传染效应，从而给整个金融市场乃至整个经济带来重大而未知的影响。

自 2008 年金融危机爆发以来，系统性金融风险的防范已经成为各国金融监管部门的重要工作。其中，系统性未定权益分析（systematic contingent claims analysis，SCCA）、条件在险价值（conditional value at risk，CVaR）、边际预期缺口（marginal expected shortfall，MES）、系统性风险指数（systematic risk index，SRISK）等是刻画系统风险的重要工具，但难以拟合金融时间序列非对称相依结构等特征；另外，金融系统风险的影响因素具有动态变化特征，如互联网金融新商业模式层出不穷、监管滞后、金融市场流动性问题等。如果不考虑这些现实因素的影响，运用传统的度量方法进行研究，将难以准确刻画和度量金融系统风险。互联网金融，特别是其带来的未知风险，对研究者来说是一个全新的研究课题，是一个混沌而不太知晓的世界[①]。

因此，为维护互联网金融市场的稳定，有必要对互联网金融发展下的金融系统稳定性以及系统风险进行量化研究，探究互联网金融自身以及其对整个金融系统的风险的识别与量化，建立科学模型，掌握风险传染规律和演化机理，研究风险管控策略，对互联网金融风险进行有效管控，从而为我国互联网金融和整个金融市场的健康、良性发展提供理论上的指导。

1.2 互联网金融风险研究的目的与研究意义

1.2.1 研究目的

通过本书的研究，建立互联网金融发展下的金融系统网络，量化研究金融系统的均衡状态以及系统风险状况，进一步梳理金融系统风险的影响因素，找到金融风险传染和空间聚集规律，丰富金融系统风险理论，指导金融监管，尤其互联网金融监管实践。

1.2.2 研究意义

1. 学术价值

本书通过分析互联网金融快速发展带来的独特风险特征，重点从网络科学视角，考虑互联网金融发展下的金融系统风险状态和传染问题，将金融系统的参与

---

① 孙国茂. 互联网金融：本质、现状与趋势[J]. 公司金融研究，2015，（2）：91-119.

主体和其内部的风险因素作为风险网络节点、资金和业务联系作为风险网络的边,构建网络模型(包括超网络模型、复杂网络模型),研究考虑社交网络下的社交关系水平和互联网金融发展的金融系统均衡状态和风险状况;构建 SEIS 模型和机器学习模型,研究互联网金融和整个金融系统的风险的复杂网络特征以及风险的传染问题,探寻金融风险传染和空间聚集的规律。

在金融系统风险整体研究基础上,从金融系统风险的空间分布以及互联网金融借贷平台和我国金融系统中居于核心地位的银行业的系统风险研究方面,构建了相关复杂网络模型和机器学习模型,丰富了金融风险量化研究理论。

2. 应用价值

本书在研究过程中,充分利用互联网金融大数据和建模仿真计算方法,解决互联网金融系统风险难以动态防范与控制的问题。这可为各级金融监管部门制定宏观审慎监管政策提供理论方法指导,也可供传统金融机构、互联网金融机构以及个人投资者了解互联网金融带来的风险问题,提高风险管控水平和防范能力。

1.3 互联网金融风险管理和监管研究现状

1.3.1 互联网金融研究现状

在国内,互联网金融的概念首先是由谢平和尹龙提出的[①],他们指出互联网金融是不同于商业银行间接融资和资本市场直接融资的"第三种"融资模式,并把它称为"互联网直接融资市场"或"互联网金融模式",另外对它的内涵以及外延进行了阐述。宗潇泳从狭义和广义两个维度界定了互联网金融的概念,探讨了互联网金融的理论基础[②]。温信祥和叶晓璐研究了法国互联网金融的发展历程以及其对中国的启示[③],龚明华阐述了互联网金融的特点[④],喻平和蒋宝珠从广义虚拟经济的新型视角观测了中国互联网金融的发展状况,提出相应的发展策略[⑤]。

互联网金融是新生事物,给传统的金融监管理论和实务都带来了挑战。谢平

① 谢平,尹龙. 网络经济下的金融理论与金融治理[J]. 经济研究,2001,(4):24-31,95.
② 宗潇泳. 互联网金融相关理论问题探析[J]. 经营管理者,2014,(5):42.
③ 温信祥,叶晓璐. 法国互联网金融及启示[J]. 中国金融,2014,(4):75-77.
④ 龚明华. 互联网金融:特点、影响与风险防范[J]. 新金融,2014,(2):8-10.
⑤ 喻平,蒋宝珠. 广义虚拟经济视角下的互联网金融发展研究[J]. 广义虚拟经济研究,2014,5(1):60-68.

和邹传伟从网络经济的角度探讨了金融治理问题[①]。张晓朴整理并借鉴了国际监管经验，提出了互联网环境下金融监管的 12 个原则[②]。张芬和吴江对国外互联网金融监管模式进行了分析，探讨了我国互联网金融存在的问题，提出适于中国的监管思路[③]。

1.3.2　基于网络科学的互联网金融系统风险研究

网络科学在不同学科之间的交叉渗透和紧密结合证实了其在分析处理复杂系统上的优异能力。网络科学的技术，已经成功地应用于金融系统的分析研究中[④⑤]。基于此，本书使用网络科学来刻画互联网金融风险系统的几何性质、分析其形成机制并预测其结构稳定性，进而解释互联网金融系统的网络形态特征，这对于研究互联网金融系统风险的传播本身具有重要的现实意义。

1. 复杂网络

根据网络几何统计特征，复杂网络模型主要有：规则网络模型、随机网络模型、小世界网络模型及无标度网络模型。关于网络的构建，Newman 认为复杂网络是由多层级网络共同组成的一个更高层次关系网络，现实生活中的任何事物都可以理解为不同层次的复杂网络[⑥]。Strogatz 认为复杂网络由相互关联的节点组成，用来描述各种各样的、真实的复杂系统[⑦]。

复杂网络的研究，不仅理论与实践研究成果层出不穷，而且伴随着不断拓展的研究领域（如细胞网络、蛋白质相互作用网络、神经网络、社会网络等），复杂网络理论在不同的学科之间的交叉渗透和紧密结合证实了其在分析处理复杂系统问题上的优异能力。复杂网络的研究主要聚焦于刻画网络的几何性质、分析网络的形成机制、建模网络的演化统计规律以及预测网络的结构稳定性、演化动力学机制等问题。通过复杂网络的研究，可以解释复杂系统中存在的共同规律，进而解释一个系统自身的宏微观特征。

① 谢平，邹传伟. 互联网金融模式研究[J]. 金融研究，2012，(12)：11-22.

② 张晓朴. 互联网金融监管的原则：探索新金融监管范式[J]. 金融监管研究，2014，(2)：6-17.

③ 张芬，吴江. 国外互联网金融的监管经验及对我国的启示[J]. 金融与经济，2013，(11)：53-56.

④ Podobnik B，Horvatic D，Petersen A M，et al. Cross-correlations between volume change and price change[J]. Proceedings of the National Academy of Sciences of the United States of America，2009，106 (52)：22079-22084.

⑤ Leduc M V，Poledna S，Thurner S. Systemic risk management in financial networks with credit default swaps[J]. Journal of Network Theory in Finance，2017，3 (3)：19-39.

⑥ Newman M E J. Scientific collaboration networks. I. Network construction and fundamental results[J]. Physical Review E，2001，64 (1)：016131.

⑦ Strogatz S H. Exploring complex networks[J]. Nature，2001，410 (6825)：268-276.

互联网金融以及整个金融系统的风险可以看作一个网络，且存在局部聚集性，表现为网络的一部分联系紧密而一部分联系稀疏，即网络可划分为多个子网络。这种现象在许多实际网络中都真实存在，如 Newman 提出的"社区结构"（community structure）[1]，Poledna 等指出金融系统风险具有多层网络的性质[2]。因此，在当前经济金融体系越来越复杂、金融机构与金融部门之间的联系越来越紧密的情况下，有必要运用复杂网络方法对金融体系中系统风险的传染机制进行分析，选择适当的救助策略阻断风险的传染，最大限度地避免系统风险或局部系统风险的发生。

2. 超网络

超网络（super network）就是节点众多同时网络中包含着网络的系统。超网络理论的应用面很广，它可以研究交通网络、食物网络、电信网络、社会网络、知识网络、化学反应和新陈代谢网络、蛋白质网络等。同时，超网络理论的研究也不断深入，仅仅就供应链超网络而言，就有结合社会网络的供应链超网络、回收超网络、电子商务中的供应链超网络、闭环超网络等[3]。

Nagurney 和 Ke 运用超网络理论研究金融中介网络的风险管理问题，提出了一个多层次、多功能的金融超网络模型，由资金拥有者、金融中介、资金需求者构成，其中各个决策者都追求收益最大化和风险最小化，基于有限维的变分不等式，给出了金融超网络模型的解决方案，并证明了解的存在性以及唯一性[4]。随后，柯珂等提出了一个允许电子交易的金融超网络模型[5]。Nagurney 和 Ke 还将社交网络引入金融超网络领域，研究了一个联合进化和集成的国际金融网络和社交网络的超网络模型，并用算例验证了模型的可靠性[6]。张哲考虑了信用风险和操作风险对每个个体和整体网络决策的影响，建立了一个拥有三层框架结构的金融超网络模型[7]。

从信息对称、风险、成本等方面来看，互联网金融中介同传统金融中介具

[1] Newman M E J. Detecting community structure in networks[J]. The European Physical Journal B, 2004, 38（2）: 321-330.

[2] Poledna S, Molina-Borboa J L, Martínez-Jaramillo S, et al. The multi-layer network nature of systemic risk and its implications for the costs of financial crises[J]. Journal of Financial Stability, 2015, 20: 70-81.

[3] 王志平, 王众托. 超网络理论及其应用[M]. 北京: 科学出版社, 2008.

[4] Nagurney A, Ke K. Financial networks with intermediation: risk management with variable weights[J]. European Journal of Operational Research, 2006, 172（1）: 40-63.

[5] 柯珂, 樊智, 佘震宇, 等. 超网络时代的电子金融和风险管理[J]. 上海理工大学学报, 2011, 33（3）: 258-263.

[6] Nagurney A, Ke K. Financial networks with electronic transactions: modeling, analysis, and computations[J]. Quantitative Finance, 2003, 3（2）: 71-87.

[7] 张哲. 基于变分不等式的金融超网络研究[D]. 大连: 大连海事大学, 2010.

有不同的特点，传统的金融超网络模型难以表征互联网金融发展下的金融系统复杂性。因此，可以运用超网络理论，从金融主体的业务联系，比如资金流动视角，以资金拥有者、互联网金融、传统金融和资金需求者之间的内在关系为出发点，考虑其不同性质的节点和联系，建立超网络模型来描述业务联系和风险。将包括互联网金融的整个金融系统抽象为超网络，分析各个参与主体的净收益最大化和风险最小化目标，以及他们之间的竞争合作关系，建立变分不等式数学模型研究金融体系超网络达到均衡状态的条件以及偏离均衡时的系统风险问题[①]。

基于互联网金融这一独特视角，互联网金融诱发系统风险的可能性主要表现在如下几个方面。

（1）由于技术水平的限制，大部分互联网金融平台都难以达到商业银行对资金、用户、渠道的控制水平，本身的媒体属性也让互联网金融在危机消息传播方面具有引发大规模"羊群效应"的风险，因此整个行业抵抗宏观经济冲击的能力都较弱。

（2）互联网金融业务的发展可能会导致商业银行发生系统风险，这既包括互联网金融平台将互联网金融的风险传染至传统金融系统，也包括互联网金融业务的侵占导致传统金融业利润受到挤压带来的潜在风险。

（3）互联网金融平台的资金对象大部分集中在中小投资者，这部分投资者大多缺乏必要的投资知识，他们的风险管控能力与抵抗风险的能力都处于较低水平，甚至一些不法互联网金融平台利用此点来引诱、欺骗用户以获取更多的资金。

（4）互联网金融在规模化发展的环境下导致一些用户对其形成了依赖，如互联网支付、转账等服务。一旦重要的互联网企业或金融平台发生崩溃，将会对社会造成巨大的冲击，容易引发难以控制的社会事件，加剧行业的系统风险[②]。

1.3.3　互联网金融监管研究现状

互联网金融的飞速发展，也带来了许多监管问题。因此，很多学者对互联网金融的监管现状及问题进行了研究，从多个角度提出自己的意见建议。汪厚冬从审慎监管理念的视角，指出互联网金融的健康发展离不开互联网金融市场的准入改革、各大机构的合作治理以及处罚机制的科学设计[③]；王健和赵秉元探讨了监管沙盒与互联网金融的适配性，指出监管沙盒存在测试样本量设计不合理、微观

① 张婷，米传民. 基于超网络的互联网金融均衡问题研究[J]. 复杂系统与复杂性科学，2016，13（2）：36-43.
② 褚慧，卫泽鹏. 互联网金融对传统银行业影响的分析[J]. 区域金融研究，2015，（7）：20-24.
③ 汪厚冬. 互联网金融的包容审慎监管研究[J]. 金融与经济，2021，（7）：31-37.

审慎监管的局限性以及跨境金融业务监管缺失的漏洞，并提出相关对策建议①；潘艾莹和王金荣对互联网发展下的金融监管问题进行探究，指出政府对互联网金融的监管存在监管力度把控不恰当、企业混合经营以及网络信息不对称等问题②；许恋天指出面对互联网金融市场的信息不对称风险，监管部门应从"信息规制型"监管转为"信息服务型"监管，服务于市场各边主体，解决信息不对称问题③；周小梅和黄婷婷从金融创新的视角指出政府需要完善互联网金融市场征信体系，促进监管制度转型，通过智慧监管改善风险预警机制④；杨洪涛通过构建动态演化博弈模型，对互联网金融监管的博弈影响因素进行分析，从互联网金融监管部门、互联网金融机构、互联网金融消费者以及制度建设四个方面提出对策建议⑤；范逸男和任晓聪指出互联网金融监管需要从底层机制体制上构建互联网金融协同监管体系，协同传统金融监管和互联网技术监管⑥；兰虹等提出如何利用大数据推动解决互联网监管的问题，指出要推动大数据立法、实现大数据协同监管、人工智能监管以及建立大数据征信体系⑦。

1.3.4 研究综述

从以上文献可以看出，互联网金融作为新兴事物发展迅猛，也不可避免地带来一系列风险和监管困境，因此互联网金融的风险防范及政府监管政策的完善已成为学界和业界普遍关注的问题。随着网络科学的不断发展，复杂网络以及超网络被广泛应用于互联网金融风险识别、度量、传染和管控研究中，但是较少关注传统金融与互联网金融之间的联系，以及社交网络发展下社交关系水平对互联网金融的影响。对于互联网金融的监管问题，已有很多学者从多个视角，如审慎监管理念、监管沙盒、信息不对称问题、协同创新以及大数据等，研究互联网金融监管问题，从而促进互联网金融创新和有效监管的协调发展，但以定性分析居多，定量研究较少。因此，本书从网络科学的视角出发，针对现有研究存在的不足，使用复杂网络和超网络对互联网金融的风险传染进行创新研究，并从地域视角和产业视角出发使用定量研究的方法对互联网金融风险进行分析，最终得出互联网金融自身以及互联网金融发展背景下整个金融系统的风险监管建议。

---

① 王健，赵秉元. 互联网金融创新的沙盒监管：挑战与应对[J]. 兰州学刊，2021，（10）：111-123.
② 潘艾莹，王金荣. 互联网发展下的金融监管问题探究[J]. 现代商业，2021，（18）：126-128.
③ 许恋天. 互联网金融"信息服务型"监管模式构建研究[J]. 江西财经大学学报，2021，（3）：138-148.
④ 周小梅，黄婷婷. 金融创新背景下互联网金融监管体系变革[J]. 价格理论与实践，2020，（9）：16-20.
⑤ 杨洪涛. 基于动态演化博弈的互联网金融监管研究[J]. 财会通讯，2020，（16）：160-165.
⑥ 范逸男，任晓聪. 互联网金融监管体系改革进路研究：基于创新协同角度[J]. 西南金融，2020，（3）：35-41.
⑦ 兰虹，熊雪朋，胡颖洁. 大数据背景下互联网金融发展问题及创新监管研究[J]. 西南金融，2019，（3）：80-89.

1.4　本书研究内容和研究方法

1.4.1　研究内容

本书从网络科学视角研究互联网金融发展下的我国金融系统均衡状态、系统风险及其传染问题,主要研究内容包括以下六个方面。

1. 互联网金融风险特征研究

阐述互联网金融的基本概念、内在特征,分析互联网金融的风险成因与特征以及互联网金融监管的挑战;对本书所使用的网络方法进行了介绍,包括一般网络模型、复杂网络和超网络,并简要分析了复杂网络和超网络模型在金融领域的研究应用和研究进展。

2. 互联网金融发展下的金融系统均衡与系统风险研究

考虑互联网金融快速发展背景下,新的金融系统中既包括传统金融主体,如传统的银行、证券和保险等业务形态主体;也包括新型互联网金融主体,如网络支付、互联网借贷、众筹等新业务形态主体。这给金融监管,尤其互联网金融监管带来挑战。以这些不同类型的金融参与主体为网络节点,构建金融系统的超网络模型;运用变分不等式理论,研究互联网金融超网络均衡解的存在性条件和唯一性条件,得到互联网金融网络和整个金融系统的均衡状态。

考虑到社交网络下的社交关系水平以及互联网金融发展和其风险问题中社交网络的作用,引入社交关系水平函数,构建了考虑社交关系水平和互联网金融的金融系统超网络模型;研究社交网络和互联网金融网络构成的集成超网络的一般均衡状态,并通过算例验证了其有效性。

3. 基于复杂网络模型的互联网金融系统风险传染研究

分析互联网金融风险传染渠道和传染过程,以金融参与主体为网络节点,构建出基于预期传染渠道的互联网金融复杂网络模型,并进一步分析互联网金融复杂网络的拓扑性质,研究发现该网络符合无标度网络结构的特征。参考流行病学中的 SEIS 模型,构建基于外生网络的互联网金融系统风险传染的 SEIE 模型,研究单一因素影响和双因素影响下的风险传染过程,并通过进行仿真试验,进而研究随机免疫和目标免疫等不同免疫策略的实施效果。最后提出策略建议。

考虑到互联网金融平台规模大、具有一定的垄断性，将整个金融系统划分为互联网金融子网、监管子网和传统金融子网，深入企业内部挖掘风险因素，构建以金融机构内部风险因素为网络节点的内生网络模型，研究风险由互联网金融内部循环传递给传统金融行业的路径，挖掘系统风险的潜在隐患。

4. 基于 t-SNE 机器学习模型的金融系统风险空间聚集研究

从金融系统风险的空间聚集视角，利用 31 个省区市和 335 个地市区域的互联网金融发展状况数据，构建 t-SNE 机器学习算法进行互联网金融发展的降维和聚类分析，得到我国互联网金融空间集聚和不同业务模式发展的分布特征，发现在区域发展程度上存在尖峰厚尾现象，业务模式存在不均衡现象。基于此，提出了考虑互联网金融发展区域差异造成的三方面系统风险，并为防范互联网金融发展下的金融系统风险提出意见和建议。

5. 企业微观视角的金融科技风险波动研究

在金融科技迅速发展的时代，以互联网金融为主的金融科技企业不断开拓新市场、新业务。在激烈的市场竞争环境下，资金补贴和资源投入可能导致部分企业经营亏损或长期无利可图，极端情况下可能导致风险发生。在该部分研究中，从企业微观视角，利用互联网金融和互联网科技公司的股票价格数据，构建了综合考虑风险波动率和风险量的风险分析方法。该方法可根据需要灵活切换所需的观测尺度，如日、周、月等。基于此方法，互联网技术公司可以了解自己在行业中的风险地位，监管机构可以及时观察行业的整体风险动态，从而预防和处理相应的问题。

6. 互联网金融监管建议

在上述从金融系统整体角度、系统风险空间集聚角度以及互联网金融科技企业角度进行系统风险研究的基础上，本部分针对我国的金融系统风险监管，从监管理念、监管网络体系和风险空间分布与传播三个方面，提出我国互联网金融发展下的金融系统风险监管的建议。

1.4.2　研究思路

本书立足于互联网金融发展的同时需要考虑其风险问题，不仅需要考虑狭义的互联网金融风险，还需要考虑互联网金融发展给整个金融系统带来的系统风险问题，因此，一方面考虑互联网金融的风险与监管挑战，另一方面考虑互联网金融发展带来的整个金融系统（包括互联网金融、传统金融、金融监管）的风险与监管挑战；将金融系统参与主体看作网络节点，将业务联系看作网络边，构建金融网络，运用网络科学的理论方法开展研究。

在内容逻辑设计上，在分析互联网金融及其风险现状（第 2 章）基础上，按照从宏观到中观再到微观的思路，首先构建超网络模型，研究金融系统整体均衡和风险问题（第 3 章、第 4 章）；其次针对风险传染问题，构建考虑预期的互联网金融复杂网络，并建立 SEIS 传染病模型进行理论和仿真研究（第 5 章）；接着考虑到互联网金融平台规模大、具有一定的垄断性等，深入企业内部挖掘风险因素，并进行归类，建立了基于金融参与主体内部风险因素的复杂网络模型（第 6 章）；然后针对互联网金融在我国发展的区域不均衡问题，运用机器学习模型进行了空间聚集研究（第 7 章）；接着从微观企业角度，综合风险量和风险波动率进行微观的企业层面的风险分析（第 8 章）；最后根据第 3 章到第 8 章的研究成果，提出了金融系统风险监管的建议（第 9 章）。

第2章 互联网金融和网络科学基本理论

2.1 互联网金融

2.1.1 互联网金融概念

　　互联网金融并不是简单的互联网与金融的相加,而是两者的深度融合,充分将互联网的优势应用于金融中,实现金融的互联网化,以及互联网下的金融业务创新。到目前为止,互联网金融在国际上还没有明确的定义。起初,人们将从事金融业务的互联网企业称为互联网金融,将利用互联网进行传统金融业务的企业称为金融互联网。但是,随着两者之间在业务上相互渗透,两者之间的边界逐渐变得模糊,甚至将两者统称为互联网金融。一般互联网金融在广义上泛指能够通过互联网技术进行资金业务往来的行为①。在我们看来,互联网金融是以"开放、平等、协作、分享"为精神的互联网与传统金融的结合,并且以云计算、数据挖掘、移动支付等为核心的新兴领域。但是究其本质,它并没有超出金融服务的范畴,仍然属于金融产品,因而在利用互联网技术提高业务效率的同时,互联网金融企业必须遵守金融领域的相关市场规律甚至更为严格的法律,从而将互联网金融风险控制在一定的范围内,促进互联网金融和整个金融系统的稳定发展。

2.1.2 互联网金融的效益

　　互联网金融作为一类金融创新,相比于传统金融,具有以下方面的优势。

　　1. 互联网金融通过金融资源配置的脱媒可以显著降低交易成本

　　传统金融业之所以偏好于发展大金融,主要原因还在于中小微客户的信息获取较困难、缺乏信用评估和抵押物、单笔交易金额小、边际业务成本高,并且存在道德风险。因此,成本与收益的不匹配性导致传统金融业在金融资源分配上的倾向性,成为普惠金融的最大障碍。互联网技术的应用有助于消除这一障碍。首

---

① 谢平,邹传伟. 互联网金融模式研究[J]. 金融研究, 2012, (12): 11-22.

先，互联网技术手段与金融服务的结合使得金融中介的作用不断弱化，金融脱媒日益成为普遍现象。例如，P2P 平台的资金供需双方利用网络平台自行完成了资金的匹配、定价和交易，降低了信息的沟通成本，提高了资金融通的便利性。这种"自金融"模式无须实体分支机构撮合成交，避免了营业场所的铺设费用、运营成本等。其次，互联网的开放、共享等特征有利于整合碎片化的需求并形成规模优势，再加上互联网金融借助于操作流程的网络化与标准化，降低了金融交易的专业化程度，业务处理速度快，边际成本低。例如，余额宝依附于第三方支付平台——支付宝，其业务具有"单笔金额小微化，交易笔数海量化，边际成本超低化"的特征，在短时期内就吸引了大量的闲散资金，为用户提供了几乎没有任何成本的余额增值服务，金融普惠性凸显。

2. 互联网金融借助信息化技术及产品创新实现服务的广覆盖

从覆盖的区域来看，传统金融机构需要通过机构的铺设来提高覆盖面，受限于机构铺设的高成本，传统金融机构将主要资源分布在人口、商业集中的地区，难以渗透到经济落后地区。金融机构与互联网企业的跨界融合避开了这种弊端，一些地区即便没有银行网点、ATM 机，客户也能通过电脑、手机等终端工具寻找需要的金融资源，完成非现金交易，金融服务更直接，客户覆盖面更广泛。第 52 次《中国互联网络发展状况统计报告》显示，截至 2023 年 6 月，我国网民规模已达 10.79 亿人，互联网普及率达 76.4%[①]。随着我国网络化的进一步普及，互联网金融的覆盖面也将远远超出实体机构的覆盖面，将有助于缓解金融排斥，提高社会福利水平。

从覆盖的社会群体来看，互联网金融的产品创新降低了客户准入门槛，为传统金融机构覆盖不到的中小微企业和低收入群体创造了享受金融服务的机会。无论是余额宝类的互联网理财工具还是 P2P 网络贷款，抑或是网商贷等电商小额贷款等，最大的特点就在于客户准入门槛的降低。例如，理财产品的起购点由传统理财产品的动辄 1 千元甚至数万元，变成了 1 元甚至 1 分钱起购，而阿里小贷的人均贷款额度不足 3 万元。由此可见，互联网金融领域的产品创新使得金融的贵族属性大大降低，平民化趋势日益凸显，体现了普惠金融的应有之义。

3. 互联网金融通过有效的风险控制保障机构的可持续性

传统微型金融机构是推动普惠金融发展的载体之一，但传统微型金融机构在发展模式上存在制度性与福利性的冲突。福利派强调社会目标，认为应该向低收入群体提供金融服务以改善其生活，否则就和传统金融机构无异。制度派强调机

---

① 中国互联网络信息中心，第 52 次《中国互联网络发展状况统计报告》。

构的盈利目标，认为只有实现机构的盈利，才能持续运营，才能实现更广泛的覆盖，从而惠及低收入群体。之所以存在制度派和福利派的冲突，主要原因还在于传统微型金融机构在社会目标和盈利目标的矛盾上不可调和：过度关注社会目标，就导致盈利目标落空，而使机构不可持续发展；过度强调盈利目标，则微型金融机构就丧失了应有的普惠性，被重新赋予了贵族属性。互联网金融借助于低成本运作和有效的风险控制为这一冲突的缓解提供了解决之道。信息存储技术的发展使得海量交易数据的存储成为现实，数据挖掘与处理技术的广泛应用则可将繁复的数据标准化、结构化并转化成有效信息，提高数据使用效率。在大数据及数据处理技术的基础上，客户的信息甄别成本和搜集成本大幅降低，对数据信息的分析结果成为授信依据，传统依靠线下审核、评估以及抵押和担保来甄别客户信用的方式被彻底颠覆。阿里、苏宁、京东等就是将自身平台的数据优势与小额贷款相结合，通过平台中客户的经营数据，依托数据挖掘、云技术对客户进行信用评级和风险评估，并依此进行授信决策，大幅降低了单笔授信的成本。大数据的有效利用提升了资源配置效率，提高了机构的可持续发展，缓解了福利派和制度派的冲突，使盈利目标和社会目标的融合发展成为可能[①]。

2.1.3　互联网金融特征

互联网金融具有以下四个特征。

1. 去中介化特征

互联网精神的核心是平等、开放、共享、自由选择和去中心化。互联网金融不仅体现了互联网精神，也体现了普通大众和平台模式对金融的参与。那些以往只有通过中介机构才能完成的金融交易，借助互联网平台瞬间即可完成。互联网金融不仅弱化了专业要求，也简化了交易和分工，结果是降低了金融交易成本。

2. 信息有效性特征

传统金融天然地无法消除金融交易中的信息不对称问题，但是，互联网金融却能够降低信息不对称程度，甚至解决信息不对称问题。一方面，互联网金融具有很强的信息创造功能，提高了金融信息的有效性；另一方面，互联网平台必须公开交易双方的信息才能完成交易，降低了信息不对称程度。对于金融消费者来说，道德风险大大降低。

---

① 丁杰. 互联网金融与普惠金融的理论及现实悖论[J]. 财经科学，2015，（6）：1-10.

3. 利基市场特征

利基市场（niche market）也被称为缝隙市场和针尖市场，它的本意是小众市场。互联网金融所提供和满足的正是传统金融无法覆盖的碎片化需求，因此具有利基市场的长尾需求特征。

4. 可获得性特征

互联网金融弥补了传统金融的不足，拓展了传统金融模式下的市场边界。首先，通过互联网平台完成的交易节约了交易双方的信息成本、搜寻成本和合约成本，因此，互联网金融降低了金融消费者的综合成本和机构运营成本；其次，由于互联网金融采用水平分工模式，互联网金融机构没有复杂的机构设置，决策灵活有效，从根本上克服了传统金融的低效率问题。可获得性是普惠金融的本质，因此我们也可以说互联网金融具有普惠金融特征。

2.2　互联网金融风险

2.2.1　互联网金融风险概念

金融风险是指在一定条件下金融市场中各种经济变量的不确定性导致主体遭受损失和损失发生的可能性。根据风险因素的来源，可以将金融风险分为信用风险、市场风险、流动性风险、操作风险、政策风险、汇率风险等[①]。《有效银行监管核心原则》中，金融风险分为八类，这八类风险均存在于我国金融体系但风险严重程度不同，以下三种类型的风险更为突出：信用风险、操作风险以及跨市场风险。

互联网金融的交易过程透明度低，表现为在网络间传达数字化信息并调拨资金，其依附于高科技的特点以及虚拟特性都对金融风险产生放大效应。互联网金融风险复杂，具有二重性：一方面，互联网金融本质上属于金融，必然存在传统金融所面临的常规风险，诸如操作风险、法律风险、信用风险、流动性风险等；另一方面，互联网金融依托网络而发展，互联网的虚拟特性及其带来的技术考验都会给互联网金融附加许多新型风险问题。

2.2.2　互联网金融风险类型

不同于传统的金融，互联网金融不仅存在传统金融所面临的常规风险，还存

---

① 何忠明，蓝翁伟. 金融风险的度量、评价与防范[J]. 金融经济，2014，（10）：74-77.

在新的技术风险等。基于金融风险和互联网金融风险的研究文献，互联网金融风险主要包括技术风险、操作风险、法律风险、信用风险和业务风险。

1. 技术风险

技术风险包括操作系统漏洞、木马病毒、内部信息泄露、身份伪造登录、网络传输问题、服务器维护、自然灾害破坏等。与传统金融的风险类似，互联网金融的所有风险都具有传染性[①]。例如，操作系统漏洞会导致木马病毒伺机入侵服务器而导致异常和内部信息泄露，网络传输问题会导致木马攻击和内部信息泄露，服务器维护不当会导致网络传输问题。从外部影响来看，技术风险类型会与其他风险类型产生跨类传染，主要体现在对操作风险类型和法律风险类型的影响上。例如，操作系统漏洞、网络传输问题等，都可能导致他人的恶意入侵（操作风险类型）。内部信息泄露可能导致滥用个人信息，引发用户诉讼。

2. 操作风险

操作风险主要存在于互联网金融的商业模式中，包括内部操作风险、恶意入侵风险、用户意外操作风险、服务商操作风险、外包技术风险、合作开发风险。一些细分的危险因素会相互影响。例如，在服务提供者、外包技术或技术合作开发过程中，关系恶化，可能导致合作伙伴恶意入侵的风险。从外部影响的角度看，运营风险类型与其他风险类型之间存在跨类传染，主要体现在技术风险类型、法律风险类型、业务风险类型和企业运营风险类型上。例如，由于现行法律体系的不完善，互联网金融企业与服务提供者及外包合作伙伴之间的争端，往往不能有效地追究责任，这可能影响业务发展，减少用户的信任，增加企业的运营压力。

3. 法律风险

法律风险包括信息披露不完全风险、滥用个人信息风险、非法融资风险、法律保护不完备风险、非法开展业务风险、用户起诉风险和国家政策风险。风险部门之间可能存在传染。例如，法律法规的完善使得互联网金融企业无法掩盖其滥用个人信息的行为。事件曝光后，它们还可能遭遇公关危机和用户诉讼。从外部影响的角度来看，法律风险类型与其他风险类型可以产生跨类传染，主要体现在信用风险、业务风险和企业运营风险的类型上。与传统金融相比，互联网金融的运作缺乏完善的行业标准；抵御资本流动、市场周期、利率等风险的能力非常低；平台容易出现信用违约风险。

---

① Amini H，Minca A. Inhomogeneous financial networks and contagious links[J]. Operations Research，2016，64（5）：1109-1120.

4. 信用风险

信用风险在互联网金融中无处不在，是风险防范的重要组成部分①。这类风险包括期限错配风险、合同违约风险、虚假宣传风险和平台跑路风险。细分的风险因素可以相互影响。例如，互联网金融产品的投资资产期限较长，而负债期限较短，导致互联网金融公司的金融产品可能无法及时支付，从而产生期限错配风险，最终演变为信用违约。从外部影响的角度看，信用风险可以与其他风险产生跨类传染，主要体现在法律风险、业务风险和企业运营风险的类型上。例如，互联网金融平台出现合同违约风险后，监管机构可能会对其进行处罚，这会降低用户对互联网金融业务的信任度，从而影响业务活动的开展。

5. 业务风险

业务风险包括资金流动风险、市场周期风险、利率风险、用户偏好风险和投资人关系风险等。不同风险之间会有一定程度的传染。例如，互联网金融企业无法获得足够的资金以合理的成本及时应对资产增长或支付到期债务，从而导致资金链断裂的风险，这可能源于多方面因素，如投资者的关系以及利率风险和市场周期问题。从外部影响来看，商业风险与其他风险类型会产生跨类传染，主要体现在信用风险类型和企业运营风险类型上。例如，互联网金融的表现会影响其资本流动。这是因为在业务发展的过程中，大量的平台通过融资和补贴来吸引用户，这使得平台内资金流动的健康状况变得极为重要。

2.2.3　互联网金融发展背景下传统金融面临的风险

互联网金融可以实现资金供需双方之间的网络匹配，而不需要任何金融中介，这对传统金融业务产生了一定的冲击。互联网金融的快速性和较低的门槛，使其有可能会替代传统金融媒介。

互联网金融的支付结算功能属于银行的基本业务，是银行重要的非利息收入来源；互联网金融提供的新型支付结算渠道影响了传统金融的中介业务。

互联网金融的研究和发展为大数据技术下的信息处理提供了更好的风险管理。信息原本是财政资源配置过程中的核心要素。传统金融的信息处理方式主要是在政府的指导下，由第三方专业评级机构和监管机构强制执行，信息获取成本极高。互联网金融业务和管理可以依据更充分的、更多样化的数据；通过对数据

---

① Leduc M V，Thurner S. Incentivizing resilience in financial networks[J]. Journal of Economic Dynamics and Control，2017，82：44-66.

的深入分析，洞察其价值，互联网金融理论上可以较低的成本实现有效的管理，包括风险管理[①②]。

互联网金融与传统金融在风险生成方面存在密切联系。本质上，互联网金融仍属于金融范畴，通过互联网借贷业务、基金业务以及第三方支付业务等与传统银行形成业务往来，并依托其技术优势对传统金融业务形成一定冲击，比如对传统银行而言，互联网金融挤压了商业银行的资产、负债和中间业务，导致经营成本上升、盈利能力下降、存款损失和杠杆率上升。此外，互联网金融为用户提供的服务改变了货币供求和利率水平，对宏观经济的中介变量产生了影响，这导致了银行信贷的扩张，货币需求的下降，宏观调控有效性的减弱，最终可能导致银行危机。

互联网金融与传统金融之间存在风险传染的渠道。双方通过业务合作，构建了相互交织的资金渠道。互联网金融凭借多样化的平台模式，与银行电子账户、存款账户、存管账户、储备账户等金融工具产生密切的业务往来，互联网金融可以看作一个对业务进行整合的整体。在这种业务往来和整合过程中，可以将技术风险、法律风险、操作风险传导给传统金融机构，如商业银行。如果互联网平台提供的支付服务突然瘫痪，没有及时修复，媒体渠道的危机新闻所造成的"羊群效应"可能会促使投资者改变投资预期，出现现金挤兑等社会不稳定情况[③]。

2.3　网络科学模型

2.3.1　网络基本概念

现实当中的网络系统往往表现出小世界特性、无标度性及高聚集性，从而促使研究人员从理论上构建网络模型并解释这些网络的统计性特征，揭示网络形成的微观动力学机制。因此，推动了网络新模型的引入，其中具有代表性的有规则网络、随机网络、小世界网络、无标度网络、层次网络等。

有序二元组 (V, E) 称为图，记为 $G = (V, E)$。其中非空有限集合 V 是节点集合，二元关系 E 表示节点之间的边集合，即 $E \in \{(u, v) | u, v \in V\}$，其中，$u, v$ 是 V 中的节点。

① Haldane A G，May R M. Systemic risk in banking ecosystems[J]. Nature，2011，469：351-355.

② Georg C P. The effect of the interbank network structure on contagion and common shocks[J]. Journal of Banking & Finance，2013，37（7）：2216-2228.

③ Glasserman P，Young H P. How likely is contagion in financial networks？[J]. Journal of Banking & Finance，2015，50：383-399.

1. 无向图

对于图 $G = (V, E)$，若节点之间的相互关系没有方向，即 $\forall (u, v) \in E$，则有 $(v, u) \in E$，称图 G 为无向图。当存在一条边将节点 u 连接到节点 v，那么从节点 v 到节点 u 的通路也存在。

一般情况下，如果图中的边 $(u, v) \in E$ 没有箭头，那么我们通常假设该图为无向图，即存在对应的反向边 $(v, u) \in E$。

2. 有向图

对于图 $G = (V, E)$，当边集合 G 满足：$\exists (u, v) \in E \big| (v, u) \notin E$，那么称图 G 为有向图。也就是说，有向图中存在至少一条边具有方向。

3. 带权图

如果 G 为一个三元组 (V, E, W)，$G = (V, E, W)$，其中 V 为节点集合，E 为边集合，W 为一个 $V \times V$ 的矩阵，表示各边的权重，那么称 G 为带权图。如果 $(u, v) \in E$，从节点 u 到节点 v 的边的权重值为 w，且 $w > 0$，那么 $W_{uv} = w$。如果 $(u, v) \notin E$，则 $W_{uv} = 0$。

权重的具体含义根据具体的情况来确定。例如，从节点 u 到节点 v 的权重值可以表示两点之间的距离，或两点间的交通流量等。通过设定权重值的大小，我们可以有效调整相关边的重要程度。例如，在互联网金融风险中，边的权重体现在图像上则为两个节点之间的距离，当两个节点之间连接距离较大时，往往展现出跨行业、跨系统、跨领域等的传染现象。

4. 完全图

如果图的节点个数为 n，在一个无向图中，假设每对节点之间只能有一条边，那么这个图中的边数最多只有 $\frac{1}{2} n(n-1)$ 个，而边数最多的图也叫无向完全图。同样，对于有向图，边数最多有 $n(n-1)$ 个，边数最多的有向图叫有向完全图。

5. 稀疏图和稠密图

如果图中的边数很少，这种图也叫稀疏图。稀疏图是一个相对的概念，并没有一个固定的数值，说边数低于这个数值的时候就是稀疏图，在不同的场景下，稀疏图的定义会不一样。反之，如果边数比较多，就称为稠密图。

2.3.2　网络的表示

网络中图的结构比较复杂，任意两个顶点之间都可能存在联系，在这一节，我们面对的问题是用哪种方式或者数据结构来表示图。

邻接矩阵表示图中顶点间邻接关系的方阵，对于 n 个顶点的图，邻接矩阵是一个 $n \times n$ 方阵。图中每个顶点对应了矩阵的一行和一列，矩阵的元素代表顶点之间的邻接关系。最简单的是无向图的邻接矩阵，是以 0/1 为元素的方阵（图 2.1）。

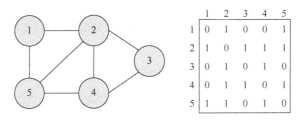

图 2.1　无向图邻接矩阵示例

矩阵的行对应于顶点的出边，列代表顶点的入边，行/列中非零元素个数代表该顶点的出度和入度。无向图的邻接矩阵是以对角线对称的，有向图的邻接矩阵通常是不对称的。

在带权图的表示方法中，不连接的两个点即无边的情况下用∞来表示，但是要根据情况而定，有时候无边的情况会定义为 0。顶点到自身的值也要视情况而定，有的时候会用 0 或者∞表示，比如，若图是想要表达顶点之间到达所需要的代价，那么使用∞表示，若图是想要表达顶点与顶点之间到达的效率，那么使用 0 表示。

但是邻接矩阵表示的方法也有缺陷。邻接矩阵经常是稀疏的，有信息的元素比例不大，大量元素是无边的表示，如果图很大，这种表示方法代价很大。在实际应用中，很多图的边数和顶点之间呈线性关系而不是平方关系，邻接矩阵的方法将会造成很大的空间浪费。

邻接表是把从同一个顶点发出的边链接在同一个称为边链表的单链表中。边链表的每个节点代表一条边，称为边节点。每个边节点有两个域：该边终点的序号，以及指向下一个边节点的指针。在邻接表中，还需要一个用于存储顶点信息的顶点数组。下面是简单的无向图的邻接表（图 2.2）。

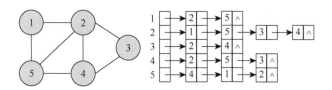

图 2.2　无向图邻接表示例

和邻接矩阵比较，其优势主要体现在效率上。在时间复杂度上，邻接表是 $O(m)$，邻接矩阵是 $O(n^2)$，其中 m 是边数，n 是顶点数；在空间复杂度上，邻接表是 $O(m+n)$，邻接矩阵是 $O(n^2)$。尤其是遇到稀疏矩阵的时候，邻接表的优势就更加明显了。

2.3.3　常见的网络类型

根据网络的边是否有权值，将网络分为无权网络和有权网络。

1. 无权网络

无权网络可以反映和捕捉网络节点之间简单的连接方式和相互作用的最主要信息，反映网络整体结构。其中，最典型的无权复杂网络主要有规则网络、随机网络、小世界网络、无标度网络。

1）规则网络

规则网络以其独特而稳定的特性，成为研究者们探索网络结构与功能关系的重要切入点。规则网络是指节点与连接之间遵循某种明确且一致规律的网络结构。这种规律性使得规则网络在理论分析与实际应用中展现出独特的魅力。

常见的规则网络包括全局耦合网络（globally coupled network）、最近邻耦合网络（nearest-neighbor coupled network）和星形耦合网络（star coupled network）。如果一个网络中任意两个节点之间都有边直接相连，则称为全局耦合网络。如果一个网络中，每个节点只和它周围的邻居节点相连，则称为最近邻耦合网络。常见的一种具有周期边界的最近邻耦合网络包括围成一个环的 N 个节点，其中每个节点都与它左右各 $K/2$ 个邻居节点相连。传感器网络、机器人网络等许多技术网络都具有最近邻耦合网络的特征。如果一个网络有一个中心点，其余的 $N-1$ 个节点都只与这个中心点连接，它们之间不互相连接，则称为星形耦合网络。

规则网络的稳定性是其显著特点之一。由于节点和连接之间的规则性，规则网络在面对外部干扰或内部变化时，能够保持其结构的相对稳定。这种稳定性使得规则网络在诸多领域中得到广泛应用，如通信网络、交通网络以及生物神经网络等。在这些领域中，规则网络的稳定性有助于确保系统的正常运行和功能的实现。然而，规则网络的规律性也带来了一定的局限性。由于其结构的固定性，规则网络在应对复杂多变的环境时可能显得捉襟见肘。此外，规则网络的动态特性相对简单，难以完全模拟真实世界中复杂系统的行为。因此，在探索更加复杂的网络结构和功能时，研究者们往往需要引入更多的随机性和复杂性。

2）随机网络

匈牙利著名数学家 Erdös 和 Rényi 在 20 世纪中叶提出随机网络的基本模型——ER 随机图[①]。他们提出了两个随机图模型，其一模型假定有 n 个节点，每一对节点连接（或非连接）的概率为 p（或$1-p$），该模型称为 $G_{n,p}$，$G_{n,p}$ 是所有具有 m 条边及 m 条边出现的概率为 $p^m(1-p)^{M-m}$ 的图的集合，这里 $M=\dfrac{n(n-1)}{2}$ 是最大可能边数。第二模型称为 $G_{n,m}$ 的相关模型，该模型是具有 n 个节点，m 条边的图的集合，由这样的 n 个节点、m 条边组成的图（网络）共有 $C_{n(n-1)/2}^m$ 种，构成一个概率空间，每一个可能图出现的概率是相同的。从某种意义上说，规则网络和随机网络是两个极端，而复杂网络处于两者之间。随机网络的节点不是按照确定的规模连线，如按完全随机的方式连线，所得的网络称为随机网络。在节点数比较大的 ER 随机网络中，其节点度分布函数近似服从泊松分布，具有较小的平均最短路径和较小的聚类系数。在 ER 随机图中，n 个节点中任意节点间以概率 p 连接，则在整个网络中共有 $\dfrac{pn(n-1)}{2}$ 条边。若概率 p 大于一定的门限概率，则网络中没有孤立的节点或子网。

ER 随机网络在提出后，逐步发展成了一门博大精深的数学分支，衍生出不少变种，也成为反映各种复杂网络的重要工具。

3）小世界网络

Watts 和 Strogtz 引入一个小世界网络模型，简称 WS 模型[②]。介于完全规则网络和完全随机网络之间，有一定的少量的随机连接的概率 p 不为零。WS 模型可以从一个具有 n 个节点的规则环形网络开始，然后对每条边以概率 p 作随机重新连接，但是必须除去自我连接和重复连接的边，这些随机重连的边叫"长程边"，"长程边"的存在使得整个网络的平均路径长度（average path length，APL）大幅减小，但是对网络的聚类系数影响却不大，使得形成的新的网络产生"小世界"特性。小世界网络中的大部分节点度相差不多，节点度近似服从泊松分布（图 2.3）。

---

① Erdös P，Rényi A. On the evolution of random graphs[J]. Publication of The Mathematical Institute of The Hungarian Academy of Sciences，1960，5：17-61.

② Watts D J，Strogatz S H. Collective dynamics of "small-world" networks[J]. Nature，1998，393（6684）：440-442.

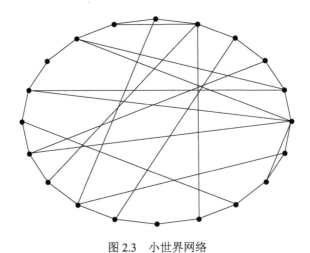

图 2.3　小世界网络

　　随后，Newman 和 Watts 对 WS 模型进行了改进，并提出了 NW 模型[①]。其做法是不断开原来环形网络的任何一条边，只在网络中随机选取的节点对之间加入一条边作为长程边。由于 NW 模型在形成过程中不会出现孤立的群聚，因而 NW 模型比 WS 模型更容易分析。

　　4）无标度网络

　　Barabási 和 Albert 在 1999 年提出了随机的无标度网络模型（BA 模型）[②]。他们追踪万维网的动态演化过程，并且发现大多数复杂网络具有大规模的高度自组织性，即大多数复杂网络的节点服从幂律函数分布，因此将具有幂律分布的网络称为无标度网络。无标度网络形成的主要机制是节点增加和择优连接，择优连接更为重要。无标度网络的生成是从一个有少量连接的节点网络开始，每间隔一段时间，增加一个新的节点并与原有网络中已经存在一定数目的不同节点进行连接。当在网络中选择节点与新增节点连接时，规定被选择的节点与新节点连接的概率与被选节点的度成正比，人们将这种连接称为择优连接。因此，新节点 i 与老节点 j 的随机优先连接的概率正比于节点度 k 大小：$P_{i \to j}^{\mathrm{BA}} = \dfrac{k_j}{\sum_j k_j}$，并且可以证明，BA 网络的节点度服从 $\gamma = 3$ 的幂律分布（图 2.4）。BA 模型的平均最短路径很小，聚类系数也很小，但相比其他随机图的聚类系数要大，当复杂网络的规模趋于无限大时，网络的聚类系数接近零。

---

　　① Newman M E J，Watts D J. Scaling and percolation in the small-world network model[J]. Physical Review E，1999，60（6）：7332-7342.

　　② Barabási A L，Albert R. Emergence of scaling in random networks[J]. Science，1999，286（5439）：509-512.

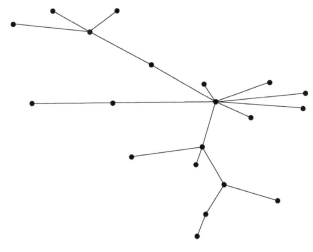

图 2.4　无标度网络

2000 年，Albert 和 Barabási 在 BA 模型中引入了 WS 模型中随机连边的机制，得到了推广的 BA 模型，允许节点度服从 $2 < \gamma < 3$ 的幂律分布。后来，汪小帆等提出了许多变种的无标度 BA 类型的模型[①]。

2. 有权网络

然而，在现实网络中节点存在不同的相互作用，且权值的影响因素很多，强度各不相同。无权网络虽然对网络的发展做出了重要的贡献，发挥了不可或缺的作用，但它不能够描述节点之间相互作用的强度以及不同节点之间强度的差异情况，因此，提出了有权网络的概念。有权网络不仅能够反映网络拓扑结构的复杂性，也能更好地反映真实网络动力学特征与拓扑结构的联系。权重及其分布必然对网络的性质和功能产生重要的影响。因此，考虑权重的方式为研究复杂网络节点之间的关系和相互作用提供了更为细致的手段。

1）DM 模型

Dorogovtsev 等于 2000 年第一个提出了一个有权网络模型——DM 模型[②]，其主要的演化机制是通过对网络中权重大的边增加权重，然后吸引新的边加入连接。该模型过于依赖权重大的边，其演化开始于任意的一组节点和边，如从一条权重为 1 的边开始，在每个时间间隔，先根据与权重成正比的概率选择一条边，且令该边的权重增加 δ；其次，一个新节点连接到该边的两个端点上，新边的权

① 汪小帆，李翔，陈关荣. 网络科学导论[M]. 北京：高等教育出版社，2012.
② Dorogovtsev S N，Mendes J F F，Samukhin A N. Structure of growing networks with preferential linking[J]. Physical Review Letters，2000，85（21）：4633-4636.

重设为 1。最终模型形成的复杂网络的度分布均服从于幂律分布。

2）YJBT 模型

2001 年，Yook 等在 BA 无标度网络模型的基础上，提出了带权重的网络模型——YJBT 模型[1]。其演化规则开始于 n_0 个节点的网络，每过一段时间，在网络中加入新节点 j，新的节点带有 $m \leqslant n_0$ 条边。节点 j 带来的边按照一定的连接偏好规则连接到之前的节点上，并且连接到节点 i 的概率为 $\dfrac{k_i}{\sum k_i}$。当网络有 m 条边后，为节点 j 的每条边赋予权重 $w_{ij} = \dfrac{k_i}{\sum_{|i'|} k_i}$，$|i'|$ 表示新的节点 i 所要连接的点的集合。

3）BBV 模型

Barrat 等深入分析了现实网络中的多种网络，如交通网络、投资融资网络，发现这些网络都是有权网络，基于这一观察，他们提出了含权演化网络模型——BBV 模型[2]。BBV 模型基于 BA 模型，更进一步考虑了权重的问题。其演化算法是：网络增长时，新节点 n 与老节点 i 的连接概率与节点强度成正比，即优先连接概率遵守以下关系：$\dfrac{s_i}{\sum_j s_j} = \dfrac{s_n s_i}{\sum_j s_n s_j}$，其中，$s_i, s_j$ 表示相应节点 (i, j) 的强度。权重则满足：$w_{ij} \rightarrow w_{ij} + \Delta w_{ij}, \Delta w_{ij} = \delta_{ij} \dfrac{w_{ij}}{s_i}$。BBV 模型考虑了边权 w_{ij}，允许老节点之间产生新的连边，也意识到网络本就有的连边也会随着网络的变化而不断更新。

当然，BBV 模型也存在一定问题，主要是它无法揭示真实网络中的聚类系数和度-度相关性问题。李季等提出了节点数加速增长的复杂网络生成模型[3]，引进了相互影响的拓扑生长和强度耦合同步两种机制，保持拓扑生长规则：每次网络生长出一个新的节点，与已有网络中的老节点连接形成 m 条新边。为了能够反映真实的局域世界网络，方锦清等将 BBV 有权无标度网络模型与局域世界概念相结合，提出了有权的局域世界网络模型——GLW（Gibbs local world）[4]。

———————————

[1] Yook S H，Jeong H，Barabási A L，et al. Weighted evolving networks[J]. Physical Review Letters，2001，86（25）：5835-5838.

[2] Barrat A，Barthélemy M，Vespignani A. Weighted evolving networks: coupling topology and weight dynamics[J]. Physical Review Letters，2004，92（22）：228701.

[3] 李季，汪秉宏，蒋品群，等. 节点数加速增长的复杂网络生长模型[C]//中国高等技术中心. 全国复杂系统研究论坛论文集. 北京：全国复杂系统研究论坛，2005：106-114.

[4] 方锦清，汪小帆，郑志刚，等. 一门崭新的交叉科学：网络科学（上）[J]. 物理学进展，2007，27（3）：239-343.

4）复杂网络的混合模型

当前，绝大多数有权模型的一个共同的不足是只考虑随机性择优连接而没有考虑确定性择优，或缺乏随机性和确定性的其他可能连接方式，这与真实世界网络的具体情况不相符合。因而，不少学者提出复杂网络的混合模型，比如和谐统一择优模型。

该模型抓住了真实世界中两个基本的混合特点，即随机性和确定性两种连接方式，通过引进一个总混合比，把一些现有模型的特性包括在内，有一定的普适性。但是它只考虑两者择优的连接方式，缺乏其他可能的连接方式，不能完全反映实际网络连接方式的多样性和复杂性，这与实际情形并不完全符合。在现实网络中，在随机性和确定性两大类连接方式下，既可能采用"择优"，又可能施行"扶贫"，也可能采取折中，或者加减速混合比等其他混合方式。因而将该模型推广到"大统一混合模型"，这样就把大多数网络模型和可能方式大范围地统一概括在一起[①]。

2.3.4　网络的静态特征参数

网络研究是从统计角度考察网络中大规模节点及其连接之间的性质。网络理论的第一大块研究内容就是实证研究网络的拓扑结构测度指标，其给定了网络的宏观分布与微观数值，如度分布、度-度相关性、聚类系数等统计指标。本节仅介绍与后文研究内容有直接关系的网络科学测度指标。

1. 度

节点度分布 $p(k)$，定义为随机选择的一个节点，其度为 k 的概率，或者等价地描述为网络中度为 k 的节点数占网络节点总数的比例。当然，对于有向网络，节点度分为入度和出度，相应地，度分布还可细分为网络的入度分布和出度分布。为了减少统计误差和提高拟合精度，对网络度分布一般采用的表达方式是累积分布函数。度累积分布函数 $P(k)$ 定义为

$$P(k) = \sum_{k'=1}^{k} p(k') \tag{2.1}$$

$P(k)$ 表示节点度大于等于 k 的概率。

许多真实网络的度分布遵循幂律分布，数学形式为 $p(k) \sim k^{-r}$，其中 r 介于 2 到 3 之间；电力网络的度分布服从指数分布，表现形式为 $p(k) \sim e^{-k/r}$，在单对数

---

① 方锦清，汪小帆，郑志刚，等. 一门崭新的交叉科学：网络科学（上）[J]. 物理学进展，2007，（3）：239-343.

坐标系下是一条下降的直线；幂律加指数截断的度分布网络，如电影演员合作网络，其表现形式为 $p(k) \sim k^{-r} \mathrm{e}^{-k/\kappa}$。

对于度中心性的度量是网络分析中的一种常用工具，易于识别和排列网络中最重要的节点或边缘。大多数的度量方法取决于应用的具体情况、网络类型、结构以及信号在网络上的传播方式，如最短路径和最小距离、中间性和亲密度中心性。著名的方法有特征向量中心性（eigenvector centrality）、卡茨中心性（Katz centrality）、PageRank 中心性。

2. 网络密度

网络密度是衡量网络中各节点之间的连接强度的参数。

对于有向网络，密度 D 为

$$D = \frac{E}{2\binom{V}{2}} = \frac{2E}{2V(V-1)} = \frac{E}{V(V-1)} \qquad (2.2)$$

其中，$\dfrac{E}{2\binom{V}{2}}$ 表示在有向网络中节点所有可能的链接方案数。它是从网络中所包含的 V 个节点中任意选择 2 个节点进行组合，乘以 2 代表在有向网络中两个节点的连接方式交换（有向边的起点和终点交换）后，网络即成为另外一种形式。

对于无向网络，密度 D 为

$$D = \frac{E}{\binom{V}{2}} = \frac{2E}{V(V-1)} \qquad (2.3)$$

也就是说，对于无向网络，不需要考虑边的方向。

从式（2.3）可以看出，D 的取值区间为 $[0,1]$。将密度 D 接近于 0 的网络称为稀疏网络。判断是否为稀疏网络的经验法则是，当网络中边的数量与节点数量相当时，我们称该网络为稀疏网络。

3. 聚类系数

网络的聚类系数是衡量网络紧密程度的重要指标，是一个局部特征量。在许多现实世界网络中，尤其是以具有"聚集"含义的联系建立边的网络，比如在社交网络中，节点倾向于与联系密切、影响力大的群体建立联系。这些群体以节点间相对较高的连接密度为主要特征。部分文献已经对网络聚类情况的度量方法做出了较为完整的总结与概括[①]。这里介绍 Watts 和 Strogatz 1998 年提出的方法[②]。

局部聚类系数用于量化局部积聚的能力，节点 i 的局部聚类系数表示为

$$CC_i = \frac{2|e_i|}{k_i(k_i-1)} \tag{2.4}$$

其中，$|e_i|$ 表示节点 i 的领域内节点间的连接边数（即由节点 i 以及其领域内的两个节点形成的三角形数量）；k_i 表示节点 i 的度数；$CC_i \in [0,1]$。

网络聚类系数用于量化网络中节点互相之间的连接情况，度量网络的积聚能力，其数学表达式为

$$CC = \frac{1}{V}\sum_{i \in V} CC_i \tag{2.5}$$

其中，V 表示网络中节点的数目。

$CC = 1$，说明网络中所有的节点都是相连接的；CC 趋近于 0，说明网络的连接松散。

4. 网络效率

网络效率是用来度量网络连通性的一个有效指标。对于网络中节点 i 与 j 的效率 E_{ij} 可以用节点 i 与节点 j 之间的距离 d_{ij} 的倒数表示：

$$E_{ij} = \frac{1}{d_{ij}} \tag{2.6}$$

当 $d_{ij} = +\infty$ 时，用 $E_{ij} = 0$ 表示节点 i 与 j 的效率。进而对整个网络而言，定义网络全局效率为

$$E_{\text{glob}} = \frac{1}{N(N-1)}\sum_{i \neq j} E_{ij} = \frac{1}{N(N-1)}\sum_{i \neq j} \frac{1}{d_{ij}} \tag{2.7}$$

对于网络的局部效率 E_{loc}，可以通过下面的公式进行定义：

$$E_{\text{loc}}(G_i) = \frac{1}{k_i(k_i-1)}\sum_{l \neq m \in G_i} E_{lm} = \frac{1}{k_i(k_i-1)}\sum_{l \neq m \in G_i} \frac{1}{d_{lm}} \tag{2.8}$$

其中，G_i 表示节点 i 相邻 k_i 个节点形成的子图。通过网络的全局效率与局部效率的定义可知，全局效率与局部效率取值范围均在 0 与 1 之间。当 $E_{\text{glob}} = 1(E_{\text{loc}} = 1)$ 时，表明网络是全连通的，也就是任意两个节点都是连接的。当 $E_{\text{glob}} = 0(E_{\text{loc}} = 0)$ 时，表明网络中节点是孤立的，也就是任意两个节点都不存在连接。

---

① Opsahl T，Panzarasa P. Clustering in weighted networks[J]. Social Networks，2009，31（2）：155-163.

② Watts D J，Strogatz S H. Collective dynamics of 'small-world' networks[J]. Nature，1998，393（6684）：440-442.

5. 介数

介数反映了相关的节点或边在整个网络中的作用和影响力。

介数可分为节点介数和连边介数。

节点介数为网络中两两相连的节点对之间通过该节点的所有连边的总数量。

连边介数为网络中两两相连的节点对之间通过该边的所有连边的总数量。

从概念上可以直观地理解为在网络上通过所关注节点或者连边的流通量。

一个网络的节点（连边）平均介数是网络上所有节点（连边）介数的平均值。一般来说稀疏的网络，其介数低；稠密的网络，其介数高。

6. 平均路径长度

平均路径长度定义为在网络中，连接两点的最短路径上所包含的边的数目。网络的平均路径长度指网络中所有节点对的平均距离，它表明网络中节点间的分离程度，反映了网络在连接方面的全局特性。平均路径长度的计算公式为

$$\mathrm{APL} = l = \frac{1}{N(N-1)} \sum_{i \neq j \in V} d_{ij} \tag{2.9}$$

其中，d_{ij} 表示节点 i 和 j 之间的最短距离。

在不同的生成网络中，根据节点与边的含义，以及研究的问题本身，APL 具有不同的含义，如在疾病传播模型中 APL 可定义为疾病传播时间。对比不同类型的网络的 APL 参数特点，全连接网络、随机网络以及小世界网络有比较短的APL；链形、环形和树形等规则网络都具有比较长的 APL。

7. 无标度特性

网络中节点的度的分布具有一定的意义和分析价值。从节点的度的分布形态来看，对于随机网络和规则网络，度分布区间非常狭窄，大多数节点都集中在节点度均值的附近。这说明节点具有同质性，因此该均值可以看作节点度的一个特征标度。

而在节点度服从幂律分布的网络中，大多数节点的度都很小，而少数节点的度很大。这说明节点具有异质性，特征标度消失。节点度的幂律分布称为网络的无标度特性。

8. 小世界效应

网络节点数目很大，因而整个网络的规模看上去很大，但是实际中，网络中任意两个节点之间的距离要比看上去的小很多。也就是说网络的 APL 随着网络

的规模呈对数增长，即 $L \sim \mathrm{Ln} N$ 。真实世界中的很多现象都可以用网络来表征，且具有小世界效应，如在社交网络平台上任何两个人之间联系的度，在互联网金融平台中两个看似不相关（没有直接业务联系）的主体之间的度。

2.4　复杂网络

在自然界和社会中存在着大量的复杂系统。这些复杂系统可以通过以节点以及节点与节点之间的边构成的复杂网络加以描述。

2.4.1　复杂网络特征

现实客观世界中的网络系统，无论是自然系统网络，还是社会系统网络，大部分网络介于简单规则网络和随机网络之间。学者们发现了小世界和无标度等网络拓扑结构，推动了复杂网络模型的发展。网络的拓扑结构决定了网络所拥有的特性。复杂网络是呈现高度复杂性的网络，是复杂系统的抽象。它是具有自组织、自相似、吸引子、小世界、无标度中部分或全部性质的网络。客观世界中的网络适合于运用复杂网络进行建模表征和研究。

Newman 认为现实的网络大体上分为社会网络、信息网络、技术网络和生物网络[①]。通过研究发现，这四类网络虽然描述的系统内涵、网络结构、节点和边的定义上有所差异，但是抽象来看，这四种网络都具有如下的特征。

（1）网络节点间联系复杂，并且呈现高度的不规则性。

（2）网络在节点度、聚类系数等参数特征上差异很大，并且具有不对称性。

（3）网络虽然规模大且错综复杂，但是节点的最短平均路径长度却很小，呈现出小世界特性。

（4）网络呈现出节点的度服从幂律分布，聚类系数高，节点间的平均路径长度小的特点。

2.4.2　复杂网络研究进展

对于复杂网络的相关研究，Watts 和 Strogatz 在 1998 年提出经典的"小世界网络模型"；Barabási 和 Albert 在 1999 年提出了著名的"无标度网络模型"，

---

① Newman M E J. Detecting community structure in networks[J]. The European Physical Journal B，2004，38（2）：321-330.

形成复杂网络模型的雏形。其后，复杂网络成为一个热门的研究理论，并作为有效的工具被用于多个应用问题研究领域，包括生物、社会、经济、物理、军事等。

最初，大量的研究关注于网络的二元拓扑分析，探讨其中节点之间的连接是否存在。而近几年的研究证明网络连接过程中节点关系（链路）更加重要。网络的稳健性指其在节点或链路故障的情况下维持系统运行的能力。网络的鲁棒性是极其重要的，并已在不同领域被广泛研究[1][2][3][4][5][6][7]。在复杂网络中识别核心影响节点是一个关键问题，它在不同领域都有着广泛的应用，如商业产品的推广，新闻和思想的传播以及疾病的暴发。

在各种拓扑性质的网络中，许多真实世界网络展现出模块化组织的特征。这些网络由牢固连接的节点组成，不同模块之间相互共生。模块间为了共享节点，会形成跨模块连接的现象，且此类连接相对稀疏。例如，社区网络当中的重叠社区现象，即一些节点属于多个社区，突出了模块化组织对扩散过程的影响[8][9]。

2.4.3　复杂网络在金融风险研究中的应用

目前复杂网络被广泛应用于传统金融与互联网金融的研究中，从金融网络的视角研究金融机构和网络结构间的风险传染[10]。石琳枫通过对中国上市金融机构的系统风险的溢出水平进行度量，构建了三种复杂金融风险传播网

① Callaway D S，Newman M E J，Strogatz S H，et al. Network robustness and fragility：percolation on random graphs[J]. Physical Review Letters，2000，85（25）：5468-5471.

② Cohen R，Erez K，ben-Avraham D，et al. Breakdown of the Internet under intentional attack[J]. Physical Review Letters，2001，86（16）：3682-3685.

③ Holme P，Kim B J，Yoon C N，et al. Attack vulnerability of complex networks[J]. Physical Review E，2002，65（5）：056109.

④ Crucitti P，Latora V，Marchiori M，et al. Error and attack tolerance of complex networks[J]. Physica A：Statistical Mechanics and its Applications，2004，340（1/2/3）：388-394.

⑤ Bellingeri M，Agliari E，Cassi D. Optimization strategies with resource scarcity：from immunization of networks to the traveling salesman problem[J]. Modern Physics Letters B，2015，29（29）：1550180.

⑥ Iyer S，Killingback T，Sundaram B，et al. Attack robustness and centrality of complex networks[J]. PLOS ONE，2013，8（4）：e59613.

⑦ Pajevic S，Plenz D. The organization of strong links in complex networks[J]. Nature physics，2012，8：429-436.

⑧ Fortunato S，Hric D. Community detection in networks：a user guide[J]. Physics Reports，2016，659：1-44.

⑨ Jebabli M，Cherifi H，Cherifi C，et al. User and group networks on YouTube：a comparative analysis[C]. Marrakech：2015 IEEE/ACS 12th International Conference of Computer Systems and Applications（AICCSA），2015：1-8.

⑩李守伟，何建敏，隋新，等. 基于网络理论的银行业系统性风险研究[M]. 北京：科学出版社，2016.

络，探讨其对系统性金融风险的影响[1]；白云歌等将典型相关分析和复杂网络相结合，针对互联网金融平台上的借贷违约行为，建立违约风险量化模型[2]；刘超和郭亚东基于股票市场金融风险的易传染性特征，对美欧股市和中日韩股市构建不同传染阶段的复杂网络，分析股市间的联动行为[3]；阳晓慧等通过分析互联网金融平台上的高风险用户，构建复杂网络模型识别违约用户，得出用户的风险值[4]；米传民和钱媛媛运用复杂网络构建具有潜伏期的 SEIS 模型，研究互联网金融风险的传染规律[5]；邢春娜从银行的视角出发，使用银行资产负债数据构建系统网络，分析银行系统重要性的影响因素[6]；刘超等从信息溢出视角，基于复杂网络分别从静态和动态两种角度分析中国金融市场风险溢出的强度和方向。由此可见，复杂网络在金融风险的研究中，已得到广泛应用，其中对传统金融的研究较多，目前用复杂网络研究互联网金融风险的研究较少[7]。

2.5　超　网　络

在现实生活中，一般网络图难以全面地刻画复杂系统的特征。对于规模较大的复杂网络，其节点和边的数量较多，节点存在异质性，整体结构更为复杂，因而难以梳理清楚节点之间的多样并且复杂的关系。1985 年，Sheffi 提出了 "超网络" 的概念，超网络旨在描述规模较大、关系复杂、节点存在异质性的网络[8]。超网络被广泛运用于科学研究的各个领域，比如供应链[9]、金融[10]、

① 石琳枫. 基于复杂网络理论的系统性金融风险研究[D]. 太原：山西财经大学，2021.

② 白云歌，郭炳晖，米志龙，等. 面向互联网金融平台的违约风险量化模型[J]. 计算机工程，2018，44（12）：108-114.

③ 刘超，郭亚东. 金融风险在股票市场的传染效应及联动行为分析[J]. 运筹与管理，2020，29（10）：198-211.

④ 阳晓慧，郭炳晖，米志龙，等. 互联网金融平台中高违约风险用户识别算法[J]. 计算机应用研究，2019，36（3）：691-695，700.

⑤ 米传民，钱媛媛. 基于 SEIS 模型的互联网金融风险传染研究[J]. 南京理工大学学报，2019，43（6）：800-806.

⑥ 邢春娜. 基于复杂网络构建的系统重要性银行评估研究[J]. 金融发展研究，2019，（1）：19-25.

⑦ 刘超，徐君慧，周文文. 中国金融市场的风险溢出效应研究——基于溢出指数和复杂网络方法[J]. 系统工程理论与实践，2017，37（4）：831-842.

⑧ Sheffi Y. Some analytical problems in logistics research[J]. Transportation Research Part A：General，1985，19（5/6）：402-405.

⑨ Cheng Y，Tao F，Zhao D M，et al. Modeling of manufacturing service supply-demand matching hypernetwork in service-oriented manufacturing systems[J]. Robotics and Computer-Integrated Manufacturing，2017，45：59-72.

⑩ Rayes J，Mani P. Exploring Insider Trading Within Hypernetworks[M]//Haber P，Lampoltshammer T，Mayr M. Data Science-Analytics and Applications. Wiesbaden：Springer Vieweg，2019.

医疗[①]等。美国 Anna Nagurney（安娜·纳格尼）教授成立了超网络研究中心（The Virtual Center for Supernetworks），她把管理学的思想和经济学的方法相结合，利用变分不等式这一偏微分方程中的理论来研究各种背景下的超网络模型。

国内最早研究超网络理论的是王志平、王众托，他们出版了国内第一本关于超网络的著作《超网络理论及其应用》[②]。上海理工大学管理学院也成立了超网络研究（中国）中心，并成功举办了 2011 年的 IEEE 超网络与系统管理国际会议（2011 IEEE International Conference on Supernetworks and System Management）。

超网络理论的应用面比较广阔，除了交通网络、电信网络等可以用超网络来进行研究，还涉及了社会网络、化学反应和新陈代谢网络、蛋白质网络、食物网、知识网络等。

2.5.1　超网络的定义及构成要素

目前对超网络的定义主要是基于超图和网络定义的。

1. 基于超图的超网络

Berge 于 1973 年提出超图的概念，并建立了无向超图理论[③]。超图严格定义为：设 $V = \{v_1, v_2, \cdots, v_n\}$ 是一个有限集。若

$$e_i \neq \varnothing (i = 1, 2, \cdots, m)$$

$$\bigcup_{i=1}^{m} e_i = V \tag{2.10}$$

则称二元关系 $H = (V, E)$ 为一个超图。其中 V 中元素 $v_1, v_2, \cdots, v_n$ 称为超图的顶点，$E = \{e_1, e_2, \cdots, e_n\}$ 称为超图的边集合。只要是可以通过超图描述的网络就属于超网络，而超图属于超网络的拓扑结构。

2. 基于网络的超网络

Nagurney 和 Dong 认为超网络是超越现存网络的网络，或者也可以说超网络是由多个复杂网络组成的网络[④]。与复杂网络相比，其网络更为复杂，节点

---

① Ha J W，Eom J H，Kim S C，et al. Evolutionary hypernetwork models for aptamer-based cardiovascular disease diagnosis[C]. London：The 9th Annual Conference Companion on Genetic and Evolutionary Computation，2007：2709-2716.

② 王志平，王众托. 超网络理论及其应用[M]. 北京：科学出版社，2008.

③ Berge C. Graphs and Hypergraphs[M]. Amsterdam：Elsevier，1973.

④ Nagurney A，Dong J. Supernetworks：Decision-making for the Information Age[M]. Elgar：Edward Publishing，Incorporated，2002.

与边可不必保持同质性。

由于超网络是由多个复杂网络组成的网络，并且各网络之间并不是孤立存在的，而是相互联系作用形成一个规模巨大、关系复杂的网络，我们可以得出超网络的构成要素必然包括网络以及网络间的联系。超网络的发现极大地促进了网络科学的发展。

2.5.2　超网络的数学模型

超网络的研究领域以及需要解决的问题的多样化导致研究方法的多样性。目前方法大体上可分类为两类：基于变分不等式的数学模型、基于系统科学的数学模型。

1. 基于变分不等式的数学模型

随着理论的不断发展完善，变分不等式理论在金融、微分方程等领域有重要的应用。自 20 世纪 80 年代至今，变分不等式在偏微分方程领域取得了飞速的发展。

基于变分不等式研究方法的主要思路是将由定义好的变量构成的超网络平衡模型转化成网络的优化问题。之后再将网络优化问题转化为进化变分不等式问题，并检验变分不等式问题是否存在唯一解。最后通过相应的算法，如投影算法，对变分不等式进行求解，得到相应的解并且从网络整体的角度出发，对其进行实例计算和分析，最终获得网络优化的平衡点。变分不等式作为变分原理的主要推广，是数学上的一个重要分支，经典的变分不等式理论已被广泛应用于数学、热力学、金融、交通运输等领域。以 Anna Nagurney 教授为首成立的超网络研究中心把经济学思想与运作管理方法紧密结合，利用变分不等式研究网络的均衡模型，并将交通网络均衡模型的有关原理运用到供应链超网络、金融超网络中，取得了显著的成果[①]。

超网络理论可以将一些比较复杂的网络作为研究对象，将实际问题转化为数学模型，实现网络整体的优化。目前基于变分不等式的超网络被广泛应用于各类研究当中。张哲通过结合超网络和金融网络，构建了多因素影响下的金融超网络模型，并以一些资金拥有者、一些中间商和一些需求市场作为网络的三层框架[②]；张婷通过引入信用惩罚函数和操作风险函数，建立了由资金拥有者、互联网金融中介、传统金融中介、资金需求者构成的四层超网络模型[③]。

① 杨广芬. 基于变分不等式的闭环供应链超网络研究[D]. 大连：大连海事大学，2007.
② 张哲. 基于变分不等式的金融超网络研究[D]. 大连：大连海事大学，2010.
③ 张婷. 基于变分不等式的互联网金融超网络模型研究[D]. 南京：南京航空航天大学，2016.

2. 基于系统科学的数学模型

超网络是对复杂系统的抽象描述，复杂系统往往以系统的形式存在，因而系统科学的研究方法可以用于超网络的研究。系统科学注重整体系统的属性和关系，进而揭示系统活动的一般规律，因此，我们在利用系统科学方法研究超网络时，不仅要重视从整体掌握网络基本结构，也要从结构特征中挖掘出一些潜在的规律或者不同之处。

系统科学方法基于系统科学的理论和观点，从整体和全局的视角出发，考察系统与要素、要素与要素、结构与功能以及系统与环境的对立统一关系，来得到最优解。系统科学方法以整体性、综合性、动态性、模型化和最优化为主要特征。故基于系统科学研究方法的主要思路是：先根据实际情况分析系统中各元素之间的关系，并构建超网络模型；之后研究超网络中网络之间、元素之间以及网络与元素之间的关系等特征；最后研究超网络整体特征。

基于系统科学的数学模型和研究思路被普遍应用于超网络的研究当中。席运江等首先分析组织知识系统的构成要素以及要素之间的关系，接着基于要素及其之间的关系构建包含三个子系统的组织知识系统，并用超网络对三个子系统进行描述，从而构建组织知识系统的超网络模型[①]；杨彬彬以科研组织为研究对象，首先运用文本挖掘技术构建组织知识加权语义网，接着构建了物质载体网络分析科研组织的研究现状，然后通过对科研组织中人员的人际关系强度进行衡量，构建科研组织人际关系网络，最后基于组织知识加权语义网、物质载体网络以及组织人际关系网络之间的映射关系构建科研组织知识共享的加权超网络模型[②]。

2.5.3　超网络的研究进展

目前，超网络的研究主要集中于其在各个领域的应用上，而对理论和动态特性的研究较少。

Estrada 和 Rodríguez-Velázquez 将复杂网络中图的度中心性和聚类系数运用于超网络领域，并提出了超网络度中心性和聚类系数的定义和公式，并分别将一般复杂网络和超网络的度中心性和聚类系数运用于三个复杂网络进行对比研究[③]。Zlatić 等基于提出的三重超图模型，定义了一些基本的拓扑量——超图分布、顶

① 席运江, 党延忠, 廖开际. 组织知识系统的知识超网络模型及应用[J]. 管理科学学报, 2009, 12（3）: 12-21.
② 杨彬彬. 基于加权超网络模型的科研组织知识共享研究[D]. 广州: 华南理工大学, 2014.
③ Estrada E, Rodríguez-Velázquez J A. Subgraph centrality and clustering in complex hyper-networks[J]. Physica A: Statistical Mechanics and its Applications, 2006, 364: 581-594.

点相似性、聚类系数等来拓展模型，并通过现实网络对数据进行实验研究[①]。Zhang 和 Liu 基于经济学中潜在的结构和用户行为，提出了标签双重优先连接机制的超网络增长模型[②]。Johnson 基于 n 元多元网络，分析了图、超图、网络、多重网络之间的关系[③]。裴伟东等提出了一类三角形结构动态复杂网络演化模型的演化算法，并且通过平均场理论分析了模型的度分布、聚类系数等网络特征，证明该演化模型具有真实网络的无标度特征和小世界特征[④]。但是这些研究尚不能对复杂网络进行全面的分析描述。为了能够区别一般的复杂网络和超网络，需要更多的特征对其进行描述，比如超网络的群体特征、层次特征以及权值特征。

---

① Zlatić V，Ghoshal G，Caldarelli G. Hypergraph topological quantities for tagged social networks[J]. Physical Review E，2009，80（3）：036118.

② Zhang Z K，Liu C. A hypergraph model of social tagging networks[J]. Journal of Statistical Mechanics：Theory and Experiment，2010，2010：P10005.

③ Johnson J H. Embracing n-ary relations in network science[C]//Wierzbicki A，Brandes U，Schweitzer F，et al. International Conference and School on Network Science. Cham：Springer，2016：147-160.

④ 裴伟东，夏玮，王全来，等. 一类三角形结构动态复杂网络演化模型分析[J]. 中国科学技术大学学报，2010，40（11）：1186-1190.

第3章　考虑互联网金融的金融系统均衡
超网络模型研究

为了更好地研究互联网金融环境下日益复杂的金融网络，国内外一些从事网络科学理论及其应用研究的学者引入超网络理论，分析各决策者之间的竞争合作关系以及各自行为和最优化条件。本章考虑互联网环境下信用风险和操作风险的新特征，建立信用风险函数和操作风险函数，构建由资金拥有者、互联网金融中介、传统金融中介、资金需求者构成的超网络模型；运用变分不等式理论，研究互联网金融超网络均衡解的存在性条件和唯一性条件，给出整个互联网金融网络的均衡条件；最后运用算例进行仿真，验证了模型的有效性[①]。

3.1　金融系统超网络

3.1.1　金融超网络研究现状

金融领域涉及的对象众多且对象间关系错综复杂，适合用复杂网络进行建模，超网络可以有效表征众多节点间的复杂关系，因此不少学者将超网络理论应用于金融领域研究。研究内容上，学者主要根据现实中各主体间的关联构建超网络，从整体出发，进行均衡分析，实现网络的整体优化。Nagurney 和 Ke 运用超网络理论研究金融中介网络的风险管理问题，提出了一个多层次、多功能的金融超网络模型，该模型由资金拥有者、金融中介、资金需求者构成，其中各个决策者都追求收益最大化和风险最小化，Nagurney 和 Ke 基于有限维的变分不等式，给出了金融超网络模型的解决方案，并证明了解的存在性以及唯一性[②]。张红考虑到我国供应链金融特点以及其发展中面临的风险，从企业集群的角度出发，结合超网络理论，建立了一个包含合作网络、信用网络以及经济网络的供应链金融超网络模型，阐述供应链金融健康发展问题[③]。徐荣贞和王华敏基于超网络模型，对 P2P

---

① 张婷，米传民. 基于超网络的互联网金融均衡问题研究[J]. 复杂系统与复杂性科学，2016，13（2）：36-43.

② Nagurney A，Ke K. Financial networks with intermediation: risk management with variable weights[J]. European Journal of Operational Research，2006，172（1）：40-63.

③ 张红. 供应链金融超网络模型及其算法研究[D]. 南京：东南大学，2014.

网贷公司在规范集群状态和非规范状态均衡条件下的交易利润进行比较，证明 P2P 网贷集群化的合理性[①]。

3.1.2　考虑互联网金融的金融系统超网络模型构建

本章针对考虑互联网金融的金融系统资金融通过程，构建包括 H 个资金拥有者、I 个互联网金融中介、J 个传统金融中介和 K 个资金需求者的融资网络，第 $I+1$ 个节点表示资金拥有者不进行投资。图 3.1 描述了互联网金融系统的网络图。

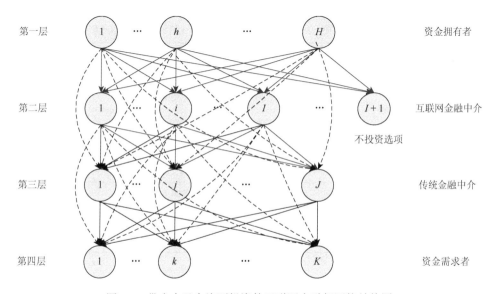

图 3.1　带中介及允许不投资的互联网金融超网络结构图

第一层表示资金拥有者，符号 h 表示一个特定的资金来源。第二层表示互联网金融中介，符号 i 表示一个特定的互联网金融中介商，第 $I+1$ 个节点表示资金拥有者不进行投资的情况。第三层表示传统金融中介，符号 j 表示一个特定的传统金融中介商。第四层表示资金需求市场，符号 k 表示一个特定的资金需求者。其中实线表示资金从资金拥有者通过互联网金融中介和传统金融中介到达资金需求者的过程（如小额资金拥有者将资金存入余额宝，通过天弘基金到达资金需求市场）。虚线表示资金不通过互联网金融中介直接从资金拥有者到达传统金融中介的过程（如商人直接将资金存入银行），以及资金不通过传统金融中介直接从互联网金融中介到达资金需求者的过程（如资金拥有者通过 P2P 小额网贷向资金需求者提供资金）。

---

① 徐荣贞，王华敏. 基于超网络模型的 P2P 网贷集群化研究[J]. 金融经济学研究，2018，33（4）：65-76.

本章模型中的各个符号含义如表 3.1 所示。

表 3.1　互联网金融超网络模型中符号说明

符号	说明
q_{hi}^1	资金拥有者 h 投资给互联网金融中介 i 的资金数目，汇总形成向量 Q^1
q_{hj}^1	资金拥有者 h 投资给传统金融中介 j 的资金数目，汇总形成向量 Q^2
q_{ij}^2	互联网金融中介 i 投资给传统金融中介 j 的资金数目，汇总形成向量 Q^3
q_{ik}^2	互联网金融中介 i 投资给资金需求者 k 的资金数目，汇总形成向量 Q^4
q_{jk}^3	传统金融中介 j 投资给资金需求者 k 的资金数目，汇总形成向量 Q^5
ρ	相应的投资价格
c	相应的交易费用
c_i	互联网金融中介的转化费用
c_j	传统金融中介的转化费用
S_h	资金拥有者 h 的资金拥有量
r^h	资金拥有者 h 对风险的承受能力
r^i	互联网金融中介 i 对风险的承受能力
r^j	传统金融中介 j 对风险的承受能力
r^k	资金需求者 k 对风险的承受能力

符号列中上角标为 1 表示此符号为第一层决策者的相关符号，上角标为 2 表示此符号为第二层决策者的相关符号，以此类推。

3.2　金融参与主体的行为分析和最优化条件

在上述网络中，资金拥有者、互联网金融中介、传统金融中介均为多目标决策者，假定这些决策者不仅追求净收入最大化，还追求风险最小化，为此，引入一个可变权重的惩罚项来表示风险。在互联网金融背景下，金融行业所面临的风险增加，且呈现不同特征。金融风险主要是市场风险、信用风险和操作风险。市场风险是整个金融网络中各个决策者都面临的风险，由风险价值惩罚函数来衡量。互联网金融的兴起降低了金融投资的门槛，也面临由大量交易者带来的更广泛的信用风险。同时，互联网金融中介的加入也加剧了整个金融中介行业的竞争，操作风险中的技术风险部分也不断增大。这对操作水平和风险管理提出了更高的要求。本章建立信用风险函数和运营风险函数来分别表示互联网金融中介和传统金融中介所面临的信用风险和运营风险。区别于 Nagurney 和 Ke 在 2006 年的研究[①]，本章中的风险代表了不确定性，即可能带来损失、获利或者是无损失也无获利，风险与收益成正比。因此，在操作风险函数中，本章同时考虑了操作技巧带来的超额收益和技术风险带来的损失。本部分先逐层分析含有互联网金融的整个金融系统参与主体，包括资金拥有者、互联网金融中介、传统金融中介和资金需求者的最优决策行为，再研究整个超网络系统达到均衡的条件。

3.2.1　资金拥有者的行为分析和最优化条件

对每一个资金拥有者而言，所投资的资金数目不能超过他所拥有的资金，小于等于表示了存在不投资的可能性。

$$\sum_{i=1}^{I}q_{hi}^{1}+\sum_{j=1}^{J}q_{hj}^{1}\leqslant S_{h}\quad\forall h \tag{3.1}$$

定义 g_{hi}^{1} 为资金拥有者 h 和互联网金融中介 i 之间的信用风险函数（资金拥有者违约，因而由资金拥有者承担的部分）。信用风险函数与交易双方均有关系，且以彼此的交易量为基础来确定，即

$$g_{hi}^{1}=g_{hi}^{1}\left(q_{hi}^{1}\right)\quad\forall h,i \tag{3.2}$$

同理，定义 g_{hj}^{1} 为资金拥有者 h 和传统金融中介 j 之间的信用风险函数（由资金拥有者承担的部分）。

1）目标 1：净收益最大化

$$\max z_{1h}^{1}=\sum_{i=1}^{I}\left(\rho_{hi}^{1}q_{hi}^{1}-c_{hi}^{1}\left(q_{hi}^{1}\right)-g_{hi}^{1}\left(q_{hi}^{1}\right)\right)+\sum_{j=1}^{J}\left(\rho_{hj}^{1}q_{hj}^{1}-c_{hj}^{1}\left(q_{hj}^{1}\right)-g_{hj}^{1}\left(q_{hj}^{1}\right)\right) \tag{3.3}$$

2）目标 2：风险最小化

$$\min z_{2h}^{1}=r^{h}(q_{h}) \tag{3.4}$$

资金拥有者的风险态度将决定他可以承受的风险大小，加入可变权重来表示他对于风险的接受程度，得出风险惩罚价值函数

$$\max U_{h}(q_{h})=\sum_{i=1}^{I}\left(\rho_{hi}^{1}q_{hi}^{1}-c_{hi}^{1}\left(q_{hi}^{1}\right)-g_{hi}^{1}\left(q_{hi}^{1}\right)\right)+\sum_{j=1}^{J}\left(\rho_{hj}^{1}q_{hj}^{1}-c_{hj}^{1}\left(q_{hj}^{1}\right)-g_{hj}^{1}\left(q_{hj}^{1}\right)\right)$$
$$-w_{2h}^{1}\left(r^{h}(q_{h})\right)r^{h}(q_{h}) \tag{3.5}$$

其中，$w_{2h}^{1}\left(r^{h}(q_{h})\right)$ 表示与资金拥有者 h 的风险目标价值相关的风险惩罚权重，风

① Nagurney A，Ke K. Financial networks with intermediation: risk management with variable weights[J]. European Journal of Operational Research，2006，172（1）：40-63.

险值越高，投资者就越追求更高的利润空间来规避风险，因此该权重函数是严格递增的凸函数。

参照 Santouridis 和 Kyritsi[1]以及 Solorzano-Margain 等[2]的研究中的证明，同理可证式（3.5）是严格凹函数，因此满足所有资金拥有者的均衡条件就可以表达为如下变分不等式：

$$\sum_{h=1}^{H}\sum_{i=1}^{I}\left[w_{2h}^1\left(r^h\left(q_h^*\right)\right)\frac{\partial r^h\left(q_h^*\right)}{\partial q_{hi}^1} + \frac{\partial w_{2h}^1\left(r^h\left(q_h^*\right)\right)}{\partial q_{hi}^1}r^h\left(q_h^*\right) + \frac{\partial c_{hi}^1\left(q_{hi}^{1*}\right)}{\partial q_{hi}^1} + \frac{\partial g_{hi}^1\left(q_{hi}^{1*}\right)}{\partial q_{hi}^1} - \rho_{hi}^{1*}\right]$$

$$\times\left(q_{hi}^1 - q_{hi}^{1*}\right) + \sum_{h=1}^{H}\sum_{j=1}^{J}\left[w_{2h}^1\left(r^h\left(q_h^*\right)\right)\frac{\partial r^h\left(q_h^*\right)}{\partial q_{hj}^1} + \frac{\partial w_{2h}^1\left(r^h\left(q_h^*\right)\right)}{\partial q_{hj}^1}r^h\left(q_h^*\right) + \frac{\partial c_{hj}^1\left(q_{hj}^{1*}\right)}{\partial q_{hj}^1}\right.$$

$$+ \frac{\partial g_{hj}^1\left(q_{hj}^{1*}\right)}{\partial q_{hj}^1} - \rho_{hj}^{1*}\right] \times \left(q_{hj}^1 - q_{hj}^{1*}\right) \geqslant 0, \quad \forall(Q^1, Q^2) \in K \tag{3.6}$$

其中，*表示均衡解。

3.2.2　互联网金融中介的行为分析和最优化条件

对每一个互联网金融中介而言，所投资的资金数目不能超过它所拥有的资金。

$$\sum_{j=1}^{J}q_{ij}^2 + \sum_{k=1}^{K}q_{ik}^2 \leqslant \sum_{h=1}^{H}q_{hi}^1 \quad \forall i \tag{3.7}$$

定义 e_{ij}^2 为互联网金融中介 i 和传统金融中介 j 之间的操作风险函数，由操作利润函数 $a_i^2 E_{ij}^2\left(q_{ij}^2\right)$ 和技术惩罚函数 $b_i^2 T_{ij}^2\left(q_{ij}^2\right)$ 两部分组成。假设操作利润函数代表因互联网金融中介的操作技巧而获得的超额收益，技术惩罚函数代表因互联网金融中介设备故障而导致的损失，由互联网金融中介自身承担。定义 a_i^2 为互联网金融中介 i 的操作技巧系数，这个系数仅和互联网金融中介一方有关；操作利润函数的组成部分 E_{ij}^2 以交易双方的交易量为基础来确定。定义 b_i^2 为互联网金融中介 i 的技术风险系数，这个系数仅和互联网金融中介一方有关；技术惩罚函数的组成部分 T_{ij}^2 以交易双方的交易量为基础来确定，即

$$e_{ij}^2 = a_i^2 E_{ij}^2\left(q_{ij}^2\right) - b_i^2 T_{ij}^2\left(q_{ij}^2\right) \quad \forall i, j \tag{3.8}$$

① Santouridis I, Kyritsi M. Investigating the determinants of Internet banking adoption in Greece[J]. Procedia Economics and Finance，2014，9：501-510.

② Solorzano-Margain J P, Martinez-Jaramillo S, Lopez-Gallo F. Financial contagion: extending the exposures network of the Mexican financial system[J]. Computational Management Science，2013，10（2）：125-155.

同理，定义 e_{ik}^2 为互联网金融中介 i 和资金需求者 k 之间的操作风险函数。

定义 g_{ij}^2 为互联网金融中介 i 和传统金融中介 j 之间的信用风险函数（互联网金融中介违约，因而由互联网金融中介承担的部分），g_{ik}^2 为互联网金融中介 i 和资金需求者 k 之间的信用风险函数（由互联网金融中介承担的部分），$\hat{g}_{hi}^1$ 为资金拥有者 h 和互联网金融中介 i 之间的信用风险函数（由互联网金融中介承担的部分）。

风险惩罚价值函数为

$$\max U_i(q_i) = \sum_{j=1}^{J}\left(\rho_{ij}^2 q_{ij}^2 - c_{ij}^2\left(q_{ij}^2\right) + e_{ij}^2\left(q_{ij}^2\right) - g_{ij}^2\left(q_{ij}^2\right)\right)$$

$$+ \sum_{k=1}^{K}\left(\rho_{ik}^2 q_{ik}^2 - c_{ik}^2\left(q_{ik}^2\right) + e_{ik}^2\left(q_{ik}^2\right) - g_{ik}^2\left(q_{ik}^2\right)\right) - c_i(Q^1) \qquad (3.9)$$

$$- \sum_{h=1}^{H}\left(\rho_{hi}^1 q_{hi}^1 + \hat{c}_{hi}^1\left(q_{hi}^1\right) + \hat{g}_{hi}^1\left(q_{hi}^1\right)\right) - w_{2i}^2\left(r^i(q_i)\right) r^i(q_i)$$

同理可证式（3.9）是严格凹函数，因此满足所有互联网金融中介的均衡条件就可以表达为如下变分不等式[①②③]：

$$\sum_{i=1}^{I}\sum_{j=1}^{J}\left[w_{2i}^2\left(r^i\left(q_i^*\right)\right)\frac{\partial r^i\left(q_i^*\right)}{\partial q_{ij}^2} + \frac{\partial w_{2i}^2\left(r^i\left(q_i^*\right)\right)}{\partial q_{ij}^2}r^i\left(q_i^*\right) + \frac{\partial c_{ij}^2\left(q_{ij}^{2*}\right)}{\partial q_{ij}^2} + \frac{\partial g_{ij}^2\left(q_{ij}^{2*}\right)}{\partial q_{ij}^2} - \rho_{ij}^{2*}\right.$$

$$\left. - \frac{\partial e_{ij}^2\left(q_{ij}^{2*}\right)}{\partial q_{ij}^2} + \gamma_i^*\right] \times \left(q_{ij}^2 - q_{ij}^{2*}\right) + \sum_{i=1}^{I}\sum_{k=1}^{K}\left[w_{2i}^2\left(r^i\left(q_i^*\right)\right)\frac{\partial r^i\left(q_i^*\right)}{\partial q_{ik}^2} + \frac{\partial w_{2i}^2\left(r^i\left(q_i^*\right)\right)}{\partial q_{ik}^2}r^i\left(q_i^*\right)\right.$$

$$\left. + \frac{\partial c_{ik}^2\left(q_{ik}^{2*}\right)}{\partial q_{ik}^2} + \frac{\partial g_{ik}^2\left(q_{ik}^{2*}\right)}{\partial q_{ik}^2} - \rho_{ik}^{2*} - \frac{\partial e_{ik}^2\left(q_{ik}^{2*}\right)}{\partial q_{ik}^2} + \gamma_i^*\right] \times \left(q_{ik}^2 - q_{ik}^{2*}\right)$$

$$+ \sum_{h=1}^{H}\sum_{i=1}^{I}\left[w_{2i}^2\left(r^i\left(q_i^*\right)\right)\frac{\partial r^i\left(q_i^*\right)}{\partial q_{hi}^1} + \frac{\partial w_{2i}^2\left(r^i\left(q_i^*\right)\right)}{\partial q_{hi}^1}r^i\left(q_i^*\right) + \frac{\partial c_i\left(Q^{1*}\right)}{\partial q_{hi}^1} + \rho_{hi}^{1*} + \frac{\partial \hat{c}_{hi}^1\left(q_{hi}^{1*}\right)}{\partial q_{hi}^1}\right.$$

$$\left. + \frac{\partial \hat{g}_{hi}^1\left(q_{hi}^{1*}\right)}{\partial q_{hi}^1} - \gamma_i^*\right] \times \left(q_{hi}^1 - q_{hi}^{1*}\right) + \sum_{i=1}^{I}\left(\sum_{h=1}^{H}q_{hi}^{1*} - \sum_{j=1}^{J}q_{ij}^{2*} - \sum_{k=1}^{K}q_{ik}^{2*}\right) \times \left(\gamma_i - \gamma_i^*\right) \geqslant 0$$

$$(3.10)$$

其中，γ_i 表示互联网金融中介的资金价格。

---

① Solorzano-Margain J P，Martinez-Jaramillo S，Lopez-Gallo F. Financial contagion：extending the exposures network of the Mexican financial system[J]. Computational Management Science，2013，10（2）：125-155.

② 张哲. 基于变分不等式的金融超网络研究[D]. 大连：大连海事大学，2010.

③ Dong J，Nagurney A. Bicriteria decision making and financial equilibrium：a variational inequality perspective[J]. Computational Economics，2001，17（1）：29-42.

3.2.3　传统金融中介的行为分析和最优化条件

对每一个传统金融中介而言，所投资的资金数目不能超过它所拥有的资金。

$$\sum_{k=1}^{K} q_{jk}^3 \leqslant \sum_{h=1}^{H} q_{hj}^1 + \sum_{i=1}^{I} q_{ij}^2 \quad \forall j \tag{3.11}$$

定义 e_{jk}^3 为传统金融中介 j 和资金需求者 k 之间的操作风险函数，g_{jk}^3 为传统金融中介 j 和资金需求者 k 之间的信用风险函数（传统金融中介违约，因而由传统金融中介承担的部分），$\hat{g}_{hj}^1$ 为资金拥有者 h 和传统金融中介 j 之间的信用风险函数（由传统金融中介承担的部分），$\hat{g}_{ij}^2$ 为互联网金融中介 i 和传统金融中介 j 之间的信用风险函数（由传统金融中介承担的部分）。

风险惩罚价值函数为

$$
\begin{aligned}
\max U_j(q_j) = & \sum_{k=1}^{K} \left(\rho_{jk}^3 q_{jk}^3 - c_{jk}^3 \left(q_{jk}^3 \right) + e_{jk}^3 \left(q_{jk}^3 \right) - g_{jk}^3 \left(q_{jk}^3 \right) \right) - c_j(Q^2) - c_j(Q^3) \\
& - \sum_{h=1}^{H} \left(\rho_{hj}^1 q_{hj}^1 + \hat{c}_{hj}^1 \left(q_{hj}^1 \right) + \hat{g}_{hj}^1 \left(q_{hj}^1 \right) \right) \\
& - \sum_{i=1}^{I} \left(\rho_{ij}^2 q_{ij}^2 + \hat{c}_{ij}^2 \left(q_{ij}^2 \right) + \hat{g}_{ij}^2 \left(q_{ij}^2 \right) \right) - w_{2j}^3 \left(r^j(q_j) \right) r^j(q_j)
\end{aligned}
\tag{3.12}
$$

同理可证式（3.12）是严格凹函数，因此满足所有传统金融中介的均衡条件就可以表达为如下变分不等式：

$$
\begin{aligned}
& \sum_{j=1}^{J} \sum_{k=1}^{K} \left[w_{2j}^3 \left(r^j(q_j^*) \right) \frac{\partial r^j(q_j^*)}{\partial q_{jk}^3} + \frac{\partial w_{2j}^3 \left(r^j(q_j^*) \right)}{\partial q_{jk}^3} r^j(q_j^*) + \frac{\partial c_{jk}^3 \left(q_{jk}^{3*} \right)}{\partial q_{jk}^3} + \frac{\partial g_{jk}^3 \left(q_{jk}^{3*} \right)}{\partial q_{jk}^3} - \rho_{jk}^{3*} \right. \\
& \left. - \frac{\partial e_{jk}^3 \left(q_{jk}^{3*} \right)}{\partial q_{jk}^3} + \gamma_j^* \right] \times \left(q_{jk}^3 - q_{jk}^{3*} \right) + \sum_{h=1}^{H} \sum_{j=1}^{J} \left[w_{2j}^3 \left(r^j(q_j^*) \right) \frac{\partial r^j(q_j^*)}{\partial q_{hj}^1} + \frac{\partial w_{2j}^3 \left(r^j(q_j^*) \right)}{\partial q_{hj}^1} r^j(q_j^*) \right. \\
& \left. + \frac{\partial c_j(Q^{2*})}{\partial q_{hj}^1} + \rho_{hj}^{1*} + \frac{\partial \hat{c}_{hj}^1 \left(q_{hj}^{1*} \right)}{\partial q_{hj}^1} + \frac{\partial \hat{g}_{hj}^1 \left(q_{hj}^{1*} \right)}{\partial q_{hj}^1} - \gamma_j^* \right] \times \left(q_{hj}^1 - q_{hj}^{1*} \right) \\
& + \sum_{i=1}^{I} \sum_{j=1}^{J} \left[w_{2j}^3 \left(r^j(q_j^*) \right) \frac{\partial r^j(q_j^*)}{\partial q_{ij}^2} + \frac{\partial w_{2j}^3 \left(r^j(q_j^*) \right)}{\partial q_{ij}^2} r^j(q_j^*) + \frac{\partial c_j(Q^{3*})}{\partial q_{ij}^2} + \rho_{ij}^{2*} + \frac{\partial \hat{c}_{ij}^2 \left(q_{ij}^{2*} \right)}{\partial q_{ij}^2} \right. \\
& \left. + \frac{\partial \hat{g}_{ij}^2 \left(q_{ij}^{2*} \right)}{\partial q_{ij}^2} - \gamma_j^* \right] \times \left(q_{ij}^2 - q_{ij}^{2*} \right) + \sum_{j=1}^{J} \left(\sum_{h=1}^{H} q_{hj}^{1*} + \sum_{i=1}^{I} q_{ij}^{2*} - \sum_{k=1}^{K} q_{jk}^{3*} \right) \left(\gamma_j - \gamma_j^* \right) \geqslant 0
\end{aligned}
$$

$$\tag{3.13}$$

3.2.4　资金需求者的行为分析和均衡条件

定义 $\hat{g}_{ik}^2$ 为互联网金融中介 i 和资金需求者 k 之间的信用风险函数（资金需求者违约，因而由资金需求者承担的部分），$\hat{g}_{jk}^3$ 为传统金融中介 j 和资金需求者 k 之间的信用风险函数（由资金需求者承担的部分）。

假设连续的需求函数 d_k 是市场价格向量 ρ^4 的函数，则

$$d_k = d_k(\rho^4) \quad \forall k \tag{3.14}$$

那么对所有的互联网金融中介

$$\rho_{ik}^{2*} + \hat{c}_{ik}^2(Q^{4*},Q^{5*}) + \hat{g}_{ik}^2\left(q_k^{2*}\right) \begin{cases} = \rho_k^{4*}, & q_{ik}^{2*} > 0 \\ \geqslant \rho_k^{4*}, & q_{ik}^{2*} = 0 \end{cases} \tag{3.15}$$

对所有的传统金融中介

$$\rho_{jk}^{3*} + \hat{c}_{jk}^3(Q^{4*},Q^{5*}) + \hat{g}_{jk}^3\left(q_{jk}^{3*}\right) \begin{cases} = \rho_k^{4*}, & q_{jk}^{3*} > 0 \\ \geqslant \rho_k^{4*}, & q_{jk}^{3*} = 0 \end{cases} \tag{3.16}$$

除此之外，还有

$$d_k(\rho^{4*}) \begin{cases} = \sum_{i=1}^{I} q_{ik}^{2*} + \sum_{j=1}^{J} q_{jk}^{3*}, & \rho_k^{4*} > 0 \\ \leqslant \sum_{i=1}^{I} q_{ik}^{2*} + \sum_{j=1}^{J} q_{jk}^{3*}, & \rho_k^{4*} = 0 \end{cases} \tag{3.17}$$

约束条件式（3.15）表示资金需求者 k 会从互联网金融中介 i 处购买金融产品，如果互联网金融中介商的所有支出费用的总和不超过需求者愿意支付的价格。约束条件式（3.16）表示资金需求者 k 会从传统金融中介 j 处购买金融产品，如果传统金融中介商的所有支出费用的总和不超过需求者愿意支付的价格。约束条件式（3.17）表示如果资金需求者愿意支付给金融产品的价格是正的，则需求市场产品的数量是恰好等于需求的。

在均衡条件下，约束条件式（3.15）～式（3.17）适用于所有需求市场，并且能表达成这样的变分不等式。

$$\sum_{i=1}^{I}\sum_{k=1}^{K}\left[\rho_{ik}^{2*} + \hat{c}_{ik}^2(Q^{4*},Q^{5*}) + \hat{g}_{ik}^2\left(q_k^{2*}\right) - \rho_k^{4*}\right] \times \left(q_{ik}^2 - q_{ik}^{2*}\right)$$

$$+ \sum_{j=1}^{J}\sum_{k=1}^{K}\left[\rho_{jk}^{3*} + \hat{c}_{jk}^3(Q^{4*},Q^{5*}) + \hat{g}_{jk}^3\left(q_{jk}^{3*}\right) - \rho_k^{4*}\right] \times \left(q_{jk}^3 - q_{jk}^{3*}\right) \tag{3.18}$$

$$+ \sum_{k=1}^{K}\left[\sum_{i=1}^{I} q_{ik}^{2*} + \sum_{j=1}^{J} q_{jk}^{3*} - d_k(\rho^{4*})\right] \times \left(\rho_k^4 - \rho_k^{4*}\right) \geqslant 0 \quad \forall\left(Q^4,Q^5,\rho^4\right) \in R_+^{IK+JK+K}$$

3.3　模型均衡解的存在性和唯一性条件

互联网金融超网络达到均衡状态，是指存在一组最优的 $\{q_{hi}^{1*}, q_{hj}^{1*}, q_{ij}^{2*}, q_{ik}^{2*}, q_{jk}^{3*}, \gamma_i^*, \gamma_j^*, \rho_k^{4*}\}$ 满足变分不等式之和。

均衡解的存在性条件：假定存在正的常数 M, N, R ，使得

$$
w_{2h}^1\left(r^h\left(q_h^*\right)\right)\frac{\partial r^h\left(q_h^*\right)}{\partial q_{hi}^1} + \frac{\partial w_{2h}^1\left(r^h\left(q_h^*\right)\right)}{\partial q_{hi}^1}r^h\left(q_h^*\right) + w_{2i}^2\left(r^i\left(q_i^*\right)\right)\frac{\partial r^i\left(q_i^*\right)}{\partial q_{hi}^1} + \frac{\partial w_{2i}^2\left(r^i\left(q_i^*\right)\right)}{\partial q_{hi}^1}r^i\left(q_i^*\right)
$$

$$
+ \frac{\partial c_{hi}^1\left(q_{hi}^{1*}\right)}{\partial q_{hi}^1} + \frac{\partial g_{hi}^1\left(q_{hi}^{1*}\right)}{\partial q_{hi}^1} + \frac{\partial c_i\left(Q^{1*}\right)}{\partial q_{hi}^1} + \frac{\partial \hat{c}_{hi}^1\left(q_{hi}^{1*}\right)}{\partial q_{hi}^1} + \frac{\partial \hat{g}_{hi}^1\left(q_{hi}^{1*}\right)}{\partial q_{hi}^1} \geqslant M \quad \forall Q^1, q_{hi}^1 \geqslant N, \forall h, i
$$

$$（3.19）$$

$$
w_{2h}^1\left(r^h\left(q_h^*\right)\right)\frac{\partial r^h\left(q_h^*\right)}{\partial q_{hj}^1} + \frac{\partial w_{2h}^1\left(r^h\left(q_h^*\right)\right)}{\partial q_{hj}^1}r^h\left(q_h^*\right) + w_{2j}^3\left(r^j\left(q_j^*\right)\right)\frac{\partial r^j\left(q_j^*\right)}{\partial q_{hj}^1} + \frac{\partial w_{2j}^3\left(r^j\left(q_j^*\right)\right)}{\partial q_{hj}^1}r^j\left(q_j^*\right)
$$

$$
+ \frac{\partial c_{hj}^1\left(q_{hj}^{1*}\right)}{\partial q_{hj}^1} + \frac{\partial g_{hj}^1\left(q_{hj}^{1*}\right)}{\partial q_{hj}^1} + \frac{\partial c_j\left(Q^{2*}\right)}{\partial q_{hj}^1} + \frac{\partial \hat{c}_{hj}^1\left(q_{hj}^{1*}\right)}{\partial q_{hj}^1} + \frac{\partial \hat{g}_{hj}^1\left(q_{hj}^{1*}\right)}{\partial q_{hj}^1} \geqslant M \quad \forall Q^2, q_{hj}^1 \geqslant N, \forall h, j
$$

$$（3.20）$$

$$
w_{2i}^2\left(r^i\left(q_i^*\right)\right)\frac{\partial r^i\left(q_i^*\right)}{\partial q_{ij}^2} + \frac{\partial w_{2i}^2\left(r^i\left(q_i^*\right)\right)}{\partial q_{ij}^2}r^i\left(q_i^*\right) + w_{2j}^3\left(r^j\left(q_j^*\right)\right)\frac{\partial r^j\left(q_j^*\right)}{\partial q_{ij}^2} + \frac{\partial w_{2j}^3\left(r^j\left(q_j^*\right)\right)}{\partial q_{ij}^2}r^j\left(q_j^*\right)
$$

$$
+ \frac{\partial c_{ij}^2\left(q_{ij}^{2*}\right)}{\partial q_{ij}^2} + \frac{\partial g_{ij}^2\left(q_{ij}^{2*}\right)}{\partial q_{ij}^2} - \frac{\partial e_{ij}^2\left(q_{ij}^{2*}\right)}{\partial q_{ij}^2} + \frac{\partial c_j\left(Q^{3*}\right)}{\partial q_{ij}^2} + \frac{\partial \hat{c}_{ij}^2\left(q_{ij}^{2*}\right)}{\partial q_{ij}^2} + \frac{\partial \hat{g}_{ij}^2\left(q_{ij}^{2*}\right)}{\partial q_{ij}^2} \geqslant M
$$

$$
\forall Q^3, q_{ij}^2 \geqslant N, \forall i, j
$$

$$（3.21）$$

$$
w_{2i}^2\left(r^i\left(q_i^*\right)\right)\frac{\partial r^i\left(q_i^*\right)}{\partial q_{ik}^2} + \frac{\partial w_{2i}^2\left(r^i\left(q_i^*\right)\right)}{\partial q_{ik}^2}r^i\left(q_i^*\right) + \frac{\partial c_{ik}^2\left(q_{ik}^{2*}\right)}{\partial q_{ik}^2} + \frac{\partial g_{ik}^2\left(q_{ik}^{2*}\right)}{\partial q_{ik}^2} - \frac{\partial e_{ik}^2\left(q_{ik}^{2*}\right)}{\partial q_{ik}^2}
$$

$$
+ \hat{c}_{ik}^2\left(Q^{4*}, Q^{5*}\right) + \hat{g}_{ik}^2\left(q_{ik}^{2*}\right) \geqslant M \quad \forall Q^4, q_{ik}^2 \geqslant N, \forall i, k
$$

$$（3.22）$$

$$
w_{2j}^3\left(r^j\left(q_j^*\right)\right)\frac{\partial r^j\left(q_j^*\right)}{\partial q_{jk}^3} + \frac{\partial w_{2j}^3\left(r^j\left(q_j^*\right)\right)}{\partial q_{jk}^3}r^j\left(q_j^*\right) + \frac{\partial c_{jk}^3\left(q_{jk}^{3*}\right)}{\partial q_{jk}^3} + \frac{\partial g_{jk}^3\left(q_{jk}^{3*}\right)}{\partial q_{jk}^3} - \frac{\partial e_{jk}^3\left(q_{jk}^{3*}\right)}{\partial q_{jk}^3}
$$

$$
+ \hat{c}_{jk}^3\left(Q^{4*}, Q^{5*}\right) + \hat{g}_{jk}^3\left(q_{jk}^{3*}\right) \geqslant M \quad \forall Q^5, q_{jk}^3 \geqslant N, \forall j, k
$$

$$（3.23）$$

$$d_k(\rho^{4*}) \leqslant M \qquad \forall \rho_k^4 > R, \forall k \qquad (3.24)$$

那么，变分不等式至少存在一个解。

均衡解的唯一性条件：假定式（3.6）、式（3.10）、式（3.13）、式（3.18）中的向量函数关于 $(Q^1, Q^2, Q^3, Q^4, Q^5, \rho^4)$ 是严格单调的，那么一定存在一个唯一的金融流 $(Q^{1*}, Q^{2*}, Q^{3*}, Q^{4*}, Q^{5*})$ 和唯一的需求价格向量 ρ^{4*}，满足互联网金融网络的均衡条件。

3.4　互联网金融发展下的金融系统超网络仿真分析

3.4.1　超网络仿真模型

为验证上述构建的互联网金融超网络模型的科学有效性，参考 Nagurney 和 Ke 构建的金融超网络模型[①]，建立一个由两个资金拥有者、两个互联网金融中介、两个传统金融中介和三个资金需求者组成的互联网金融超网络模型（图 3.2）。

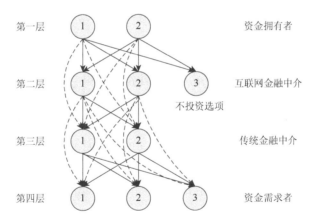

图 3.2　仿真算例的互联网金融超网络结构图

3.4.2　仿真模型参数设置

对每一个资金拥有者 k 和互联网金融中介 i 以及传统金融中介 j，设置

$$q_{hi}^1 = q_{hj}^1 = \frac{S_h}{I + J}$$

其中，I 表示总共有 I 个互联网金融中介；J 表示总共有 J 个传统金融中介。

① Nagurney A，Ke K. Financial networks with intermediation[J]. Quantitative Finance，2001，1（4）：441-451.

资金拥有者的资金拥有量为

$$S_1 = 32 \quad S_2 = 32$$

假设有两个资金拥有者，每个有 32 个单位资金。

资金拥有者与互联网金融中介的交易费用函数分别为

$$c_{hi}^1\left(q_{hi}^1\right) = 0.3\left(q_{hi}^1\right)^2 + 2q_{hi}^1 \quad \hat{c}_{hi}^1\left(q_{hi}^1\right) = 0.8\left(q_{hi}^1\right)^2 + q_{hi}^1$$

资金拥有者与传统金融中介的交易费用函数分别为

$$c_{hj}^1\left(q_{hj}^1\right) = 0.8\left(q_{hj}^1\right)^2 + 3.5q_{hj}^1 \quad \hat{c}_{hj}^1\left(q_{hj}^1\right) = \left(q_{hj}^1\right)^2 + 3q_{hj}^1$$

互联网金融中介与传统金融中介的交易费用函数分别为

$$c_{ij}^2\left(q_{ij}^2\right) = 0.5\left(q_{ij}^2\right)^2 + 2q_{ij}^2 \quad \hat{c}_{ij}^2\left(q_{ij}^2\right) = 0.8\left(q_{ij}^2\right)^2 + 1.5q_{ij}^2$$

互联网金融中介与资金需求者的交易费用函数分别为

$$c_{ik}^2\left(q_{ik}^2\right) = 0 \quad \hat{c}_{ik}^2\left(Q^4, Q^5\right) = 2q_{ik}^2 + 5$$

传统金融中介与资金需求者的交易费用函数分别为

$$c_{jk}^3\left(q_{jk}^3\right) = 0 \quad \hat{c}_{jk}^3\left(Q^4, Q^5\right) = 2.5q_{ik}^2 + 2$$

资金拥有者与互联网金融中介的信用风险函数分别为

$$g_{hi}^1\left(q_{hi}^1\right) = \left(\sum_{i=1}^{2} q_{hi}^1\right)^2 \quad \hat{g}_{hi}^1\left(q_{hi}^1\right) = 0.8\left(\sum_{h=1}^{2} q_{hi}^1\right)^2$$

资金拥有者与传统金融中介的信用风险函数分别为

$$g_{hj}^1\left(q_{hj}^1\right) = \left(\sum_{j=1}^{2} q_{hj}^1\right)^2 \quad \hat{g}_{hj}^1\left(q_{hj}^1\right) = 0.5\left(\sum_{h=1}^{2} q_{hj}^1\right)^2$$

互联网金融中介与传统金融中介的信用风险函数分别为

$$g_{ij}^2\left(q_{ij}^2\right) = 0.8\left(\sum_{j=1}^{J} q_{ij}^2\right)^2 \quad \hat{g}_{ij}^2\left(q_{ij}^2\right) = 0.5\left(\sum_{i=1}^{2} q_{ij}^2\right)^2$$

互联网金融中介与资金需求者的信用风险函数分别为

$$g_{ik}^2\left(q_{ik}^2\right) = 0.8\left(\sum_{k=1}^{3} q_{ik}^2\right)^2 \quad \hat{g}_{ik}^2\left(q_{ik}^2\right) = \left(\sum_{i=1}^{2} q_{ik}^2\right)^2$$

传统金融中介与资金需求者的信用风险函数分别为

$$g_{jk}^3\left(q_{jk}^3\right) = 0.5\left(\sum_{k=1}^{3} q_{jk}^3\right)^2 \quad \hat{g}_{jk}^3\left(q_{jk}^3\right) = \left(\sum_{j=1}^{2} q_{jk}^3\right)^2$$

互联网金融中介的操作技巧系数和技术风险系数分别为

$$a_1^2 = 2 \quad b_1^2 = 0.8 \quad a_2^2 = 1.8 \quad b_2^2 = 0.6$$

传统金融中介的操作技巧系数和技术风险系数分别为

$$a_1^3 = 1.7 \quad b_1^3 = 0.5 \quad a_2^3 = 1.6 \quad b_2^3 = 0.3$$

互联网金融中介与传统金融中介的操作风险函数分别为

$$e_{1j}^2\left(q_{1j}^2\right) = 2\left(q_{1j}^2\right)^2 - 0.8q_{1j}^2 \quad e_{2j}^2\left(q_{2j}^2\right) = 1.8\left(q_{2j}^2\right)^2 - 0.6q_{2j}^2$$

互联网金融中介与资金需求者的操作风险函数分别为

$$e_{1k}^2\left(q_{1k}^2\right) = 2\left(q_{1k}^2\right)^2 - 0.8q_{1k}^2 \quad e_{2k}^2\left(q_{2k}^2\right) = 1.8\left(q_{2k}^2\right)^2 - 0.6q_{2k}^2$$

传统金融中介与资金需求者的操作风险函数分别为

$$e_{1k}^3\left(q_{1k}^3\right) = 1.7\left(q_{1k}^3\right)^2 - 0.5q_{1k}^3 \quad e_{2k}^3\left(q_{2k}^3\right) = 1.6\left(q_{2k}^3\right)^2 - 0.3q_{2k}^3$$

互联网金融中介和传统金融中介的转化费用函数分别为

$$c_i\left(Q^1\right) = 0.5\left(\sum_{h=1}^2 q_{hi}^1\right)^2 \quad c_j\left(Q^2\right) = 0.6\left(\sum_{h=1}^2 q_{hj}^1\right)^2 \quad c_j\left(Q^3\right) = 0.6\left(\sum_{i=1}^2 q_{ij}^2\right)^2$$

资金需求者的需求函数为

$$d_1\left(\rho^4\right) = -2\rho_1^4 - 0.2\rho_2^4 - 0.3\rho_3^4 + 1200$$

$$d_2\left(\rho^4\right) = -0.2\rho_1^4 - 2\rho_2^4 - 0.3\rho_3^4 + 1200$$

$$d_3\left(\rho^4\right) = -0.2\rho_1^4 - 0.3\rho_2^4 - 2\rho_3^4 + 1200$$

3.4.3　仿真结果分析

将仿真算例中所设的函数具体表达式代入变分不等式中，使用 MATLAB 2012b 实现投影动态系统算法，参数设置为 $\varepsilon = 10^{-4}$，$\alpha = 0.02$，ε、α 为投影动态方程中的参数；V^i、V^j 均为单位矩阵，其中的权重均设为 1；其余的变量和函数都设为 0。经过 3174 次迭代，收敛效果如图 3.3 所示，其良好的收敛效果验证了模型的有效性。

互联网金融超网络的最优均衡解为

$$Q^{1*}: q_{11}^{1*} = 11.47 \quad q_{12}^{1*} = 11.45 \quad q_{21}^{1*} = 11.47 \quad q_{22}^{1*} = 11.45$$

$$Q^{2*}: q_{11}^{1*} = 4.44 \quad q_{12}^{1*} = 4.64 \quad q_{21}^{1*} = 4.44 \quad q_{22}^{1*} = 4.64$$

$$Q^{3*}: q_{11}^{2*} = 11.37 \quad q_{12}^{2*} = 0 \quad q_{21}^{2*} = 0 \quad q_{22}^{2*} = 10.46$$

$$Q^{4*}: q_{11}^{2*} = 8.24 \quad q_{12}^{2*} = 3.34 \quad q_{13}^{2*} = 0 \quad q_{21}^{2*} = 0 \quad q_{22}^{2*} = 4.32 \quad q_{23}^{2*} = 8.11$$

$$Q^{5*}: q_{11}^{3*} = 0 \quad q_{12}^{3*} = 6.77 \quad q_{13}^{3*} = 13.48 \quad q_{21}^{3*} = 13.39 \quad q_{22}^{3*} = 6.35 \quad q_{23}^{3*} = 0$$

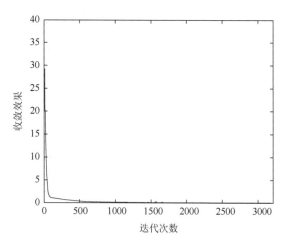

图 3.3　仿真算例的收敛效果图

互联网金融中介的资金全部投资出去时的清仓价格为

$$\gamma_1^* = 293.95 \quad \gamma_2^* = 293.50$$

传统金融中介的资金全部投资出去时的清仓价格为

$$\gamma_1^* = 205.85 \quad \gamma_2^* = 205.41$$

资金需求者的需求价格为

$$\rho_1^{4*} = 471.24 \quad \rho_2^{4*} = 471.61 \quad \rho_3^{4*} = 471.25$$

在这个例子中，

$$Q^{1*} = 45.84 \quad Q^{2*} = 18.16 \quad Q^{3*} = 21.83 \quad Q^{4*} = 24.01 \quad Q^{5*} = 39.99$$

$$Q^{1*} = 45.84 \quad Q^{3*} + Q^{4*} = 45.84 \quad Q^{1*} = Q^{3*} + Q^{4*}$$

$$Q^{5*} = 39.99 \quad Q^{2*} + Q^{3*} = 39.99 \quad Q^{5*} = Q^{2*} + Q^{3*}$$

$$Q^{1*} + Q^{2*} = Q^{4*} + Q^{5*} = S_1 + S_2 = 64$$

这时的 $S_1^* = S_2^* = 0$，即对资金拥有者、互联网金融中介和传统金融中介而言，此时市场环境较好，最优的决策就是资金拥有者将资金全部投资，互联网金融中介和传统金融中介充分利用资金，资金需求者得到资金，用于实体经济发展等。

由 $Q^{1*} = 45.84, Q^{2*} = 18.16$ 可以看出，在互联网金融发展环境下，由于互联网金融中介的便利性、高利润，资金拥有者更倾向于投资互联网金融中介而非传统金融中介，传统金融中介面临挑战。事实上，互联网环境降低了金融中介的门槛，许多原来与金融并不相关的行业也涉足互联网金融中介业务。一些有识之士也纷纷选择互联网金融行业进行创业。互联网金融中介正在蓬勃发展，更多的传统金融中介也纷纷加入"互联网+"的浪潮，积极推进金融科技转型或战略部署。整体上而言，互联网金融拥有大数据和云计算等先进技术的优势，方便快捷，成本低，更能满足资金拥有者的需求，必须在监管下守正创新、逐步完善。

3.5　研　究　结　论

本章考虑了互联网金融自身发展以及对整个金融系统的影响，运用超网络理论，建立了一个由资金拥有者、互联网金融中介、传统金融中介、资金需求者构成的超网络模型。首先引入信用风险函数和操作风险函数，描述各个决策者所面临的信用风险和操作风险，其中操作风险不仅会让投资者面临技术风险所带来的损失，也会因为操作技巧而带来超额收益。其次，利用变分不等式表达使整个互联网金融超网络达到均衡状态的条件，并证明其存在性和唯一性。最后，设计算例进行仿真，验证模型的有效性。

根据研究，互联网金融环境下，出于净收益最大化以及风险最小化考虑，资金拥有者更多地投资于互联网金融中介而非传统金融中介。在安全便捷的网络支付、移动支付、云计算等技术支持的基础上，在大数据、社交网络环境的背景下，互联网金融为资金供需双方提供了融资平台，降低了市场信息的不对称程度，提高了资金配置效率，降低了交易成本。从信息对称、风险、成本等方面来看，互联网金融中介同传统金融中介具有不同的特点，互联网金融中介的存在降低了金融门槛，增强了金融的惠普性，一定程度上克服了传统金融存在的弊端，但也加剧了信用风险、操作风险等风险的发生，其监管仍面临极大挑战，需要各部门高度重视。互联网金融中介的存在增加了整个金融行业的竞争性，为了顺应发展潮流，传统金融中介应当从互联网金融的发展中吸取有益经验，进行积极转型，向着高效、惠普的方向发展。高收益往往意味着高风险，资金拥有者进行投资时应充分把握收益和风险之间的平衡，尽可能做到客观、理智，不盲目跟随。

第4章　考虑社交关系影响的互联网金融发展下的金融系统超网络均衡模型研究

互联网金融的发展使得金融网络日趋复杂，各金融主体间多元化的联系也不能忽视，考虑到互联网金融中各参与主体之间的关系水平并不均等，因此本章在上一章研究基础上引入社交网络，构建了一个考虑关系水平的互联网金融超网络，假定关系水平的增加可以降低交易成本和交易风险，更有利于交易的达成。本章主要针对互联网金融特点，从资金流动视角，定量分析各个金融参与主体之间的竞争合作关系以及各自行为和最优化条件，研究了社交网络和互联网金融网络构成的集成超网络的一般均衡状态，并通过算例验证了其有效性[①]。

4.1　社交关系及其在金融中的研究

4.1.1　社交关系网络

信息通信技术，特别是云计算和互联网发展，给金融市场的发展带来了深刻影响，互联网金融成为国内外学者研究的热点。互联网技术的发展，使得各主体之间的交流日趋频繁，不受时间和空间限制，大数据背景下，不能忽视对于社交网络的关注，将社交网络与金融以及金融网络结合起来是金融研究中值得关注的一个方向。

社交网络是社会中个体成员之间通过社会关系结成的网络体系，网络中的节点可以是个人或者机构组织，网络中的连接关系也可以是交易、合作等各种关系。目前关于社交网络的研究一方面关注于社交网络本身，对其结构特征以及个体行为特征进行研究。例如，2012 年，Apicella 等对坦桑尼亚的哈扎人社交网络进行实证研究发现现代社交网络结构的一些特性在人类早期社会就已经存在了[②]；Leskovec 等对四个真实社交网络的演化过程进行了观察和建模，研究用户的行为

[①] 米传民，李丹丹，张婷，等. 考虑社交网络和互联网金融的金融市场超网络均衡研究[J]. 中国管理科学，2018，26（12）：56-65.

[②] Apicella C L，Marlowe F W，Fowler J H，et al. Social networks and cooperation in hunter-gatherers[J]. Nature，2012，481（7382）：497-501.

规律[①]。另一方面，社交网络也作为分析工具或研究基础与其他领域研究相结合，揭示个体间关系。例如，杨立等建立信息不对称的理论模型，分析 P2P 借贷信用风险成因，研究社交网络缓解信用风险的机制及其作用条件[②]；柳益君等提出基于社交网络分析的阅读推荐方法[③]。

4.1.2　金融社交关系研究

社交网络在智能推荐、价格预测等各方面均有应用，目前金融形势日益复杂，社交网络在金融领域进行应用是大势所趋。Sharpe 研究了客户关系模型对信息不对称的影响和银行贷款的约束[④]。Ghatak 研究了社交网络在金融交易中的重要性，指出社交网络不仅影响金融交易的风险水平，也影响交易的成本[⑤]。刘海飞等认为社交网络是新媒体时代信息生成和扩散的完整传播链条，深刻地影响着金融市场参与主体的投资决策、交易模式、风险控制，进而引发不同金融资产价格波动[⑥]。赵鹍和赵昕在理性预期均衡理论框架下，提出了具有社交网络特征的风险资产定价模型，研究发现社交金融并不能完全缓释金融市场中的个体风险，甚至会出现由高度互联的社交网络结构所驱动的独特市场风险[⑦]。金融全球化、互联网金融为主的金融科技以及社交网络的发展，使得金融市场呈现出复杂的多层网络特征[⑧]。Kim 提出综合运用投资组合理论、风险管理理论、网络科学来研究金融市场中资金流动网络的复杂时空特征[⑨]。2008 年全球金融危机使得金融机构、监管部门和学界

① Leskovec J，Backstrom L，Kumar R，et al. Microscopic evolution of social networks[C]. Las Vegas：The 14th ACM SIGKDD International Conference on Knowledge Discovery and Data Mining，2008：462-470.

② 杨立，赵翠翠，陈晓红. 基于社交网络的 P2P 借贷信用风险缓释机制研究[J]. 中国管理科学，2018，26（1）：47-56.

③ 柳益君，何胜，吴智勤，等. 基于用户社交网络分析的高校图书馆主题多样性阅读推荐[J]. 图书情报工作，2018，62（8）：67-73.

④ Sharpe S A. Asymmetric information，bank lending，and implicit contracts：a stylized model of customer relationships[J]. The Journal of Finance，1990，45（4）：1069-1087.

⑤ Ghatak M. Exploiting social networks to alleviate credit market failures：on the endogenous selection of peer groups in microfinance programs[C]. San Diego：The Conference on Credit，Trust and Calculation at the University of California，2002.

⑥ 刘海飞，许金涛，柏巍，等. 社交网络、投资者关注与股价同步性[J]. 管理科学学报，2017，20（2）：53-62.

⑦ 赵鹍，赵昕. 互联网金融市场的资产定价、波动性及其风险管理：基于社交网络的模型[J]. 上海金融，2016（9）：60-63.

⑧ Claessens S，Dobos G，Klingebiel D，et al. The growing importance of networks in finance and its effects on competition[M]//Nagurney A. Innovations in Financial and Economic Networks. Northampton：Edward Elgar Publishers，2003：110-135.

⑨ Kim H M. Globalization of International Financial Markets：Causes and Consequences[M]. London：Routledge，1999.

认识到：需要对全球金融市场存在的交织复杂的关系进行研究，避免或降低金融风险，尤其是系统风险的传递和扩散，提高金融市场的稳定性[①]。

互联网金融下的金融个体风险能够被充分分散，且交易效率高、成本低，从而提升了金融市场效率，但随着互联网金融的发展，各金融主体间的关系也日益复杂。互联网技术的发展使得社交网络广泛而深入应用到金融领域中，密切的社交网络关系，如密切的业务合作关系、私人关系等，提高了金融市场参与主体间的信息交互和信任，降低了信息不对称水平、交易成本和风险，并为资金需求者、供给者和金融中介带来附加价值。但社交金融和互联网金融也具有一定的负面作用，如金融市场上局部的信息质量问题或负面信息快速传播，存在的羊群效应等，增加了市场风险。现有金融超网络模型没有考虑社交网络对互联网金融以及对整个金融系统的影响。将社交网络融入互联网金融研究之中能更真实地刻画现实中的互联网金融复杂系统，有利于把握其规律和特征。

本章聚焦于社交网络和互联网金融对金融市场的影响，建立综合考虑金融市场资金流动和社交网络关系的超网络模型，对金融市场各参与主体的行为进行分析，定量研究包括社交网络的金融市场均衡状态，分析均衡状态的存在条件和唯一性。

4.2　考虑社交关系和互联网金融的金融系统超网络构建

在这一部分，我们在上一章的基础上引入社交网络来构建一个考虑关系水平的互联网金融超网络，决策者仍然包括四个层次，即 H 个资金拥有者、I 个互联网金融中介、J 个传统金融中介和 K 个资金需求者，如图 4.1 所示。第一层表示资金拥有者，符号 h 表示一个特定的资金来源，如个人、家庭、企业等。第二层表示互联网金融中介，符号 i 表示一个特定的互联网金融中介商，如 P2P 网贷平台、众筹融资平台、网上银行等，第 $I+1$ 个节点表示资金拥有者不进行投资的情况。第三层表示传统金融中介，符号 j 表示一个特定的传统金融中介商，如银行、保险公司、投资公司、经纪人等。第四层表示需求市场，符号 k 表示一个特定的资金需求者，如房地产贷款、家庭贷款、小微企业融资等。其中实线表示资金从资金拥有者通过互联网金融中介和传统金融中介到达资金需求者的过程。虚线表示资金不通过互联网金融中介直接从资金拥有者到达传统金融中介的过程，以及资金不通过传统金融中介直接从互联网金融中介到达资金需求者的过程。

这个超网络由左下方的社交网络和右上方的互联网金融网络构成，社交网络中的网络流描述的是两个节点的关系水平，互联网金融网络中的网络流描述的是

---

① Acemoglu D，Ozdaglar A，Tahbaz-Salehi A. Systemic risk and stability in financial networks[J]. American Economic Review，2015，105（2）：564-608.

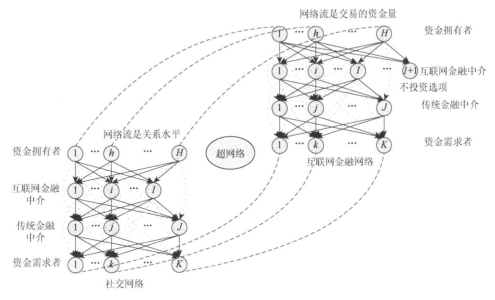

图 4.1　考虑关系水平的互联网金融超网络结构图

两个节点交易的资金量，网络外围的虚线表示将这两个单独的网络整合成一个超网络。左下方的社交网络也是一个四层网络，第一层表示资金拥有者，符号 h 表示一个特定的资金来源。第二层表示互联网金融中介，符号 i 表示一个特定的互联网金融中介商。第三层表示传统金融中介，符号 j 表示一个特定的传统金融中介商。第四层表示资金需求者，符号 k 表示一个特定的资金需求者。下一节将具体描述各个决策者的经济行为。

模型中的各个符号含义见表 4.1。

表 4.1　考虑关系水平的互联网金融超网络模型中的符号说明

符号	说明
q	相应的投资资金量
ρ	相应的投资价格
c	相应的交易费用函数
c_i	互联网金融中介的转化费用函数
c_j	传统金融中介的转化费用函数
S_h	资金拥有者 h 的资金拥有量
r	相应的风险函数
η	相应的关系水平
f	相应的关系费用函数
v	相应的关系水平函数

4.3 各层决策者的行为分析和最优化条件

4.3.1 资金拥有者的行为分析和最优化条件

定义每一个资金拥有者 h 拥有的资金量为 S_h，资金拥有者 h 将 q_{hi}^1 的资金投资给互联网金融中介 i，共有 HI 条链接连接资金拥有者和互联网金融中介，每条链接上的资金流量为 q_{hi}^1，汇总形成向量 $Q^1 \in R_+^{HI}$；同时，资金拥有者 h 还可以直接将 q_{hj}^1 的资金投资给传统金融中介 j，共有 HJ 条链接连接资金拥有者和传统金融中介，每条链接上的资金流量为 q_{hj}^1，汇总形成向量 $Q^2 \in R_+^{HJ}$。此外，从资金拥有者 h 到第二层第 $I+1$ 个节点的链接表示资金拥有者 h 可能不进行投资的资金量，每条链接上的资金量为 S_h，即资金拥有者 h 剩余的资金量。

对每一个资金拥有者而言，所投资的资金数目不能超过他所拥有的资金，即

$$\sum_{i=1}^I q_{hi}^1 + \sum_{j=1}^J q_{hj}^1 \leqslant S_h \quad \forall h \tag{4.1}$$

此外，定义 η_{hi}^1 表示资金拥有者 h 和互联网金融中介 i 之间的关系，汇总形成向量 $H^1 \in R_+^{HI}$；η_{hj}^1 表示资金拥有者 h 和传统金融中介 j 之间的关系，汇总形成向量 $H^2 \in R_+^{HJ}$。每一个资金拥有者都试图努力维护自己和互联网金融中介以及传统金融中介的关系，争取达到一定的关系水平。假定这些关系水平在区间 $[0, 1]$ 上，关系水平为 0 代表没有关系，关系水平为 1 代表了可能的最高的关系水平。在图 4.1 的超网络中，左下角的社交网络各节点间链接上流动的是关系流，代表了两个节点之间的关系水平。

资金拥有者可能会花额外的钱或者时间来达到某个特定的关系水平，如赠送礼物。定义 f_{hi}^1 为资金拥有者 h 和互联网金融中介 i 之间的关系费用函数（资金拥有者承担的部分），代表某个资金拥有者 h 为了和某个互联网金融中介 i 达到一定的关系水平，需要支出的费用。这些关系费用函数对于每一对资金拥有者 h 和互联网金融中介 i 的组合都不相同，其具体的函数形式与互联网金融中介建立或者维护关系的意愿、以往的商业合作关系以及可能存在的私人关系等都相关。

$$f_{hi}^1 = f_{hi}^1\left(\eta_{hi}^1\right) \quad \forall h, i \tag{4.2}$$

同理，定义 f_{hj}^1 为资金拥有者 h 和传统金融中介 j 之间的关系费用函数（资金拥有者承担的部分）。

$$f_{hj}^1 = f_{hj}^1\left(\eta_{hj}^1\right) \quad \forall h, j \tag{4.3}$$

定义 v_{hi}^1 为资金拥有者 h 和互联网金融中介 i 之间的关系水平函数（资金拥有者面临的部分）。假定关系水平函数以彼此的关系水平为基础来确定，即

$$v_{hi}^1 = v_{hi}^1\left(\eta_{hi}^1\right) \quad \forall h,i \tag{4.4}$$

同理，定义 v_{hj}^1 为资金拥有者 h 和传统金融中介 j 之间的关系水平函数（资金拥有者面临的部分）。

$$v_{hj}^1 = v_{hj}^1\left(\eta_{hj}^1\right) \quad \forall h,j \tag{4.5}$$

定义 c_{hi}^1 为资金拥有者 h 和互联网金融中介 i 之间的交易费用函数（资金拥有者承担的部分）。假定交易费用与某个特定的资金拥有者 h 和某个特定的互联网金融中介 i 之间的交易量以及关系水平相关，考虑到更高的关系水平会带来更大的信任度，关系水平的增加可能会降低交易费用。

$$c_{hi}^1 = c_{hi}^1\left(q_{hi}^1,\eta_{hi}^1\right) \quad \forall h,i \tag{4.6}$$

同理，定义 c_{hj}^1 为资金拥有者 h 和传统金融中介 j 之间的交易费用函数（资金拥有者承担的部分）。

$$c_{hj}^1 = c_{hj}^1\left(q_{hj}^1,\eta_{hj}^1\right) \quad \forall h,j \tag{4.7}$$

定义 g_{hi}^1 为资金拥有者 h 和互联网金融中介 i 之间的信用惩罚函数（资金拥有者违约，因而由资金拥有者承担的部分）。假定信用惩罚函数与交易双方均有关系，且以彼此的交易量以及关系水平为基础来确定，关系水平的增加可能会降低信用风险。

$$g_{hi}^1 = g_{hi}^1\left(q_{hi}^1,\eta_{hi}^1\right) \quad \forall h,i \tag{4.8}$$

同理，定义 g_{hj}^1 为资金拥有者 h 和传统金融中介 j 之间的信用惩罚函数（资金拥有者承担的部分）。

$$g_{hj}^1 = g_{hj}^1\left(q_{hj}^1,\eta_{hj}^1\right) \quad \forall h,j \tag{4.9}$$

定义 r_{hi}^1 为资金拥有者 h 和互联网金融中介 i 之间的风险函数（资金拥有者面临的部分），假定风险函数不仅与彼此的交易量有关，而且和彼此的关系水平有关。关系水平的上升会带来更高的信任度，会减少交易的不可确定性，从而会降低风险。同时，更高的关系水平会提高决策者的市场竞争力。

$$r_{hi}^1 = r_{hi}^1\left(q_{hi}^1,\eta_{hi}^1\right) \quad \forall h,i \tag{4.10}$$

同理，定义 r_{hj}^1 为资金拥有者 h 和传统金融中介 j 之间的风险函数（资金拥有者面临的部分）。

$$r_{hj}^1 = r_{hj}^1\left(q_{hj}^1,\eta_{hj}^1\right) \quad \forall h,j \tag{4.11}$$

假定上述关系费用函数、关系水平函数、交易费用函数、信用惩罚函数、风险函数均为凸函数并且连续可微。

每一个资金拥有者 h 都有三大目标，第一是净收益最大化，第二是风险最小化，第三是关系水平最高。

1）目标 1：净收益最大化

资金拥有者 h 的收入由价格乘上交易量来表示。而他面临的总成本包括三部分，即为了建立和维护一定的关系水平而付出的关系费用、交易过程中的交易费用、因资金拥有者违约而承担的信用风险。定义 ρ_{hi}^1 为资金拥有者 h 投资给互联网金融中介 i 的资金价格，ρ_{hj}^1 为资金拥有者 h 投资给传统金融中介 j 的资金价格。资金拥有者 h 的净收益最大化问题表示为

$$
\begin{aligned}
\max z_{1h}^1 = &\sum_{i=1}^I \left(\rho_{hi}^1 q_{hi}^1 - f_{hi}^1 \left(\eta_{hi}^1 \right) - c_{hi}^1 \left(q_{hi}^1, \eta_{hi}^1 \right) - g_{hi}^1 \left(q_{hi}^1, \eta_{hi}^1 \right) \right) \\
&+ \sum_{j=1}^J \left(\rho_{hj}^1 q_{hj}^1 - f_{hj}^1 \left(\eta_{hj}^1 \right) - c_{hj}^1 \left(q_{hj}^1, \eta_{hj}^1 \right) - g_{hj}^1 \left(q_{hj}^1, \eta_{hj}^1 \right) \right)
\end{aligned}
\tag{4.12}
$$

满足的条件是

$$
q_{hi}^1 \geqslant 0, \quad q_{hj}^1 \geqslant 0 \quad \forall h, i, j
$$

$$
0 \leqslant \eta_{hi}^1 \leqslant 1, \ 0 \leqslant \eta_{hj}^1 \leqslant 1 \quad \forall h, i, j
$$

同时满足式（4.1）。

2）目标 2：风险最小化

资金拥有者 h 还追求风险的最小化：

$$
\min z_{2h}^1 = \sum_{i=1}^I r_{hi}^1 \left(q_{hi}^1, \eta_{hi}^1 \right) + \sum_{j=1}^J r_{hj}^1 \left(q_{hj}^1, \eta_{hj}^1 \right)
\tag{4.13}
$$

满足的条件是

$$
q_{hi}^1 \geqslant 0, \quad q_{hj}^1 \geqslant 0 \quad \forall h, i, j
$$

$$
0 \leqslant \eta_{hi}^1 \leqslant 1, \ 0 \leqslant \eta_{hj}^1 \leqslant 1 \quad \forall h, i, j
$$

3）目标 3：关系水平最高

资金拥有者 h 还试图和网络中的其他决策者建立以及保持更高的关系水平：

$$
\max z_{3h}^1 = \sum_{i=1}^I v_{hi}^1 \left(\eta_{hi}^1 \right) + \sum_{j=1}^J v_{hj}^1 \left(\eta_{hj}^1 \right)
\tag{4.14}
$$

满足的条件是

$$
0 \leqslant \eta_{hi}^1 \leqslant 1, \ 0 \leqslant \eta_{hj}^1 \leqslant 1 \quad \forall h, i, j
$$

现在讨论资金拥有者 h 的多目标决策问题，同时满足净收益最大化、风险最小化和关系水平最高。定义 U_h 为多目标决策函数，α_h 为非负的风险权重，β_h 为非负的关系权重。

$$\max U_h = \sum_{i=1}^{I} \left(\rho_{hi}^1 q_{hi}^1 - f_{hi}^1 \left(\eta_{hi}^1 \right) - c_{hi}^1 \left(q_{hi}^1, \eta_{hi}^1 \right) - g_{hi}^1 \left(q_{hi}^1, \eta_{hi}^1 \right) \right)$$

$$+ \sum_{j=1}^{J} \left(\rho_{hj}^1 q_{hj}^1 - f_{hj}^1 \left(\eta_{hj}^1 \right) - c_{hj}^1 \left(q_{hj}^1, \eta_{hj}^1 \right) - g_{hj}^1 \left(q_{hj}^1, \eta_{hj}^1 \right) \right) \qquad (4.15)$$

$$- \alpha_h \left(\sum_{i=1}^{I} r_{hi}^1 \left(q_{hi}^1, \eta_{hi}^1 \right) + \sum_{j=1}^{J} r_{hj}^1 \left(q_{hj}^1, \eta_{hj}^1 \right) \right) + \beta_h \left(\sum_{i=1}^{I} v_{hi}^1 \left(\eta_{hi}^1 \right) + \sum_{j=1}^{J} v_{hj}^1 \left(\eta_{hj}^1 \right) \right)$$

满足的条件是

$$q_{hi}^1 \geq 0, \quad q_{hj}^1 \geq 0 \qquad \forall h, i, j$$

$$0 \leq \eta_{hi}^1 \leq 1, \quad 0 \leq \eta_{hj}^1 \leq 1 \qquad \forall h, i, j$$

$$\sum_{i=1}^{I} q_{hi}^1 + \sum_{j=1}^{J} q_{hj}^1 \leq S_h \qquad \forall h$$

同理可证式（4.15）是严格凹函数，因此将式（4.15）的最优解的充分必要条件表达为

$$- \sum_{i=1}^{I} \frac{\partial U_h}{\partial q_{hi}^1} \times \left(q_{hi}^1 - q_{hi}^{1*} \right) - \sum_{j=1}^{J} \frac{\partial U_h}{\partial q_{hj}^1} \times \left(q_{hj}^1 - q_{hj}^{1*} \right) - \sum_{i=1}^{I} \frac{\partial U_h}{\partial \eta_{hi}^1} \times \left(\eta_{hi}^1 - \eta_{hi}^{1*} \right)$$

$$- \sum_{j=1}^{J} \frac{\partial U_h}{\partial \eta_{hj}^1} \times \left(\eta_{hj}^1 - \eta_{hj}^{1*} \right) \geq 0 \qquad (4.16)$$

从而用变分不等式表示满足所有资金拥有者的均衡条件

$$\sum_{h=1}^{H} \sum_{i=1}^{I} \left[\alpha_h \frac{\partial r_{hi}^1 \left(q_{hi}^{1*}, \eta_{hi}^{1*} \right)}{\partial q_{hi}^1} + \frac{\partial c_{hi}^1 \left(q_{hi}^{1*}, \eta_{hi}^{1*} \right)}{\partial q_{hi}^1} + \frac{\partial g_{hi}^1 \left(q_{hi}^{1*}, \eta_{hi}^{1*} \right)}{\partial q_{hi}^1} - \rho_{hi}^{1*} \right] \times \left(q_{hi}^1 - q_{hi}^{1*} \right)$$

$$+ \sum_{h=1}^{H} \sum_{j=1}^{J} \left[\alpha_h \frac{\partial r_{hj}^1 \left(q_{hj}^{1*}, \eta_{hj}^{1*} \right)}{\partial q_{hj}^1} + \frac{\partial c_{hj}^1 \left(q_{hj}^{1*}, \eta_{hj}^{1*} \right)}{\partial q_{hj}^1} + \frac{\partial g_{hj}^1 \left(q_{hj}^{1*}, \eta_{hj}^{1*} \right)}{\partial q_{hj}^1} - \rho_{hj}^{1*} \right] \times \left(q_{hj}^1 - q_{hj}^{1*} \right)$$

$$+ \sum_{h=1}^{H} \sum_{i=1}^{I} \left[\alpha_h \frac{\partial r_{hi}^1 \left(q_{hi}^{1*}, \eta_{hi}^{1*} \right)}{\partial \eta_{hi}^1} + \frac{\partial f_{hi}^1 \left(\eta_{hi}^{1*} \right)}{\partial \eta_{hi}^1} + \frac{\partial c_{hi}^1 \left(q_{hi}^{1*}, \eta_{hi}^{1*} \right)}{\partial \eta_{hi}^1} + \frac{\partial g_{hi}^1 \left(q_{hi}^{1*}, \eta_{hi}^{1*} \right)}{\partial \eta_{hi}^1} - \beta_h \frac{\partial v_{hi}^1 \left(\eta_{hi}^{1*} \right)}{\partial \eta_{hi}^1} \right]$$

$$\times \left(\eta_{hi}^1 - \eta_{hi}^{1*} \right) + \sum_{h=1}^{H} \sum_{j=1}^{J} \left[\alpha_h \frac{\partial r_{hj}^1 \left(q_{hj}^{1*}, \eta_{hj}^{1*} \right)}{\partial \eta_{hj}^1} + \frac{\partial f_{hj}^1 \left(\eta_{hj}^{1*} \right)}{\partial \eta_{hj}^1} + \frac{\partial c_{hj}^1 \left(q_{hj}^{1*}, \eta_{hj}^{1*} \right)}{\partial \eta_{hj}^1} + \frac{\partial g_{hj}^1 \left(q_{hj}^{1*}, \eta_{hj}^{1*} \right)}{\partial \eta_{hj}^1} \right.$$

$$\left. - \beta_h \frac{\partial v_{hj}^1 \left(\eta_{hj}^{1*} \right)}{\partial \eta_{hj}^1} \right] \times \left(\eta_{hj}^1 - \eta_{hj}^{1*} \right) \geq 0, \qquad \forall (Q^1, Q^2, H^1, H^2) \in K^1$$

$$(4.17)$$

$$K^1 \equiv \left\{ (Q^1, Q^2, H^1, H^2) \middle| q_{hi}^1 \geq 0, q_{hj}^1 \geq 0, 0 \leq \eta_{hi}^1 \leq 1, 0 \leq \eta_{hj}^1 \leq 1, \forall h, i, j, \text{且满足式（4.1）} \right\}$$

4.3.2　互联网金融中介的行为分析和最优化条件

对互联网金融中介而言，流入的资金为资金拥有者 h 投资给互联网金融中介 i 的资金 q_{hi}^1，共有 HI 条链接连接资金拥有者和互联网金融中介，每条链接上的资金流量为 q_{hi}^1，汇总形成向量 $Q^1 \in R_+^{HI}$。流出的资金有两种，即互联网金融中介 i 将 q_{ij}^2 的资金投资给传统金融中介 j，共有 IJ 条链接连接互联网金融中介和传统金融中介，每条链接上的资金流量为 q_{ij}^2，汇总形成向量 $Q^3 \in R_+^{IJ}$；互联网金融中介 i 还可以直接将 q_{ik}^2 的资金投资给资金需求者 k，共有 IK 条链接连接互联网金融中介和资金需求者，每条链接上的资金流量为 q_{ik}^2，汇总形成向量 $Q^4 \in R_+^{IK}$。

对每一个互联网金融中介而言，所投资的资金数目，即流出的资金数目，不能超过流入的资金数目。

$$\sum_{j=1}^{J} q_{ij}^2 + \sum_{k=1}^{K} q_{ik}^2 \leq \sum_{h=1}^{H} q_{hi}^1 \quad \forall i \tag{4.18}$$

定义 η_{ij}^2 表示互联网金融中介 i 和传统金融中介 j 之间的关系，汇总形成向量 $H^3 \in R_+^{IJ}$；η_{ik}^2 表示互联网金融中介 i 和资金需求者 k 之间的关系，汇总形成向量 $H^4 \in R_+^{IK}$。每一个互联网金融中介都需要为了建立和维护与资金拥有者、传统金融中介以及资金需求者之间的关系，承担一些费用和支出。假定这些关系水平在区间[0, 1]上，关系水平为 0 代表了没有关系，关系水平为 1 代表了可能的最高的关系水平。

定义 f_{ij}^2 为互联网金融中介 i 和传统金融中介 j 之间的关系费用函数（互联网金融中介承担的部分）。假定关系费用以彼此的关系水平为基础来确定，即

$$f_{ij}^2 = f_{ij}^2 \left(\eta_{ij}^2 \right) \quad \forall i, j \tag{4.19}$$

同理，定义 f_{ik}^2 为互联网金融中介 i 和资金需求者 k 之间的关系费用函数（互联网金融中介承担的部分）。

$$f_{ik}^2 = f_{ik}^2 \left(\eta_{ik}^2 \right) \quad \forall i, k \tag{4.20}$$

定义 $\hat{f}_{hi}^1$ 为资金拥有者 h 和互联网金融中介 i 之间的关系费用函数（互联网金融中介承担的部分）。假定关系费用以彼此的关系水平为基础来确定，即

$$\hat{f}_{hi}^1 = \hat{f}_{hi}^1 \left(\eta_{hi}^1 \right) \quad \forall h, i \tag{4.21}$$

定义 v_{ij}^2 为互联网金融中介 i 和传统金融中介 j 之间的关系水平函数（互联网金融中介面临的部分）。假定关系水平函数以彼此的关系水平为基础来确定，即

$$v_{ij}^2 = v_{ij}^2\left(\eta_{ij}^2\right) \quad \forall i,j \tag{4.22}$$

同理，定义 v_{ik}^2 为互联网金融中介 i 和资金需求者 k 之间的关系水平函数（互联网金融中介面临的部分）。

$$v_{ik}^2 = v_{ik}^2\left(\eta_{ik}^2\right) \quad \forall i,k \tag{4.23}$$

定义 $\hat{v}_{hi}^1$ 为资金拥有者 h 和互联网金融中介 i 之间的关系水平函数（互联网金融中介面临的部分）。假定关系水平函数以彼此的关系水平为基础来确定，即

$$\hat{v}_{hi}^1 = \hat{v}_{hi}^1\left(\eta_{hi}^1\right) \quad \forall h,i \tag{4.24}$$

定义 c_{ij}^2 为互联网金融中介 i 和传统金融中介 j 之间的交易费用函数（互联网金融中介承担的部分）。假定交易费用以彼此的交易量和关系水平为基础来确定，即

$$c_{ij}^2 = c_{ij}^2\left(q_{ij}^2,\eta_{ij}^2\right) \quad \forall i,j \tag{4.25}$$

同理，定义 c_{ik}^2 为互联网金融中介 i 和资金需求者 k 之间的交易费用函数（互联网金融中介承担的部分）。

$$c_{ik}^2 = c_{ik}^2\left(q_{ik}^2,\eta_{ik}^2\right) \quad \forall i,k \tag{4.26}$$

定义 $\hat{c}_{hi}^1$ 为资金拥有者 h 和互联网金融中介 i 之间的交易费用函数（互联网金融中介承担的部分）。假定交易费用以彼此的交易量和关系水平为基础来确定，即

$$\hat{c}_{hi}^1 = \hat{c}_{hi}^1\left(q_{hi}^1,\eta_{hi}^1\right) \quad \forall h,i \tag{4.27}$$

定义 c_i 为互联网金融中介 i 的转化费用函数，包括将收到的资金拥有者投资的资金转化为传统金融中介和资金需求者需求的相关金融产品的费用。假定转化费用函数以流入互联网金融中介 i 的资金量 $\sum_{h=1}^{H}q_{hi}^1$ 为基础来确定，即

$$c_i = c_i\left(Q^1\right) \quad \forall i \tag{4.28}$$

定义 e_{ij}^2 为互联网金融中介 i 和传统金融中介 j 之间的操作风险函数，由操作利润函数 $a_i^2 E_{ij}^2\left(q_{ij}^2\right)$ 和技术惩罚函数 $b_i^2 T_{ij}^2\left(q_{ij}^2\right)$ 两部分组成。假定操作利润函数代表因互联网金融中介的操作技巧而获得的超额收益，技术惩罚函数代表因互联网金融中介设备故障而导致的损失，由互联网金融中介自身承担。定义 a_i^2 为互联网金融中介 i 的操作技巧系数，这个系数只与互联网金融中介一方有关。操作利润函数的组成部分 E_{ij}^2 是以彼此的交易量为基础确定的。定义 b_i^2 为互联网金融中介 i 的技术风险系数，这个系数只与互联网金融中介一方有关。技术惩罚函数的组成部分 T_{ij}^2 是以彼此的交易量为基础确定的，即

$$e_{ij}^2 = a_i^2 E_{ij}^2\left(q_{ij}^2\right) - b_i^2 T_{ij}^2\left(q_{ij}^2\right) \quad \forall i,j \tag{4.29}$$

同理，定义 e_{ik}^2 为互联网金融中介 i 和资金需求者 k 之间的操作风险函数。

$$e_{ik}^2 = a_i^2 E_{ik}^2\left(q_{ik}^2\right) - b_i^2 T_{ik}^2\left(q_{ik}^2\right) \quad \forall i, k \tag{4.30}$$

定义 g_{ij}^2 为互联网金融中介 i 和传统金融中介 j 之间的信用惩罚函数（互联网金融中介违约，因而由互联网金融中介承担的部分）。假定信用惩罚函数与交易双方均有关系，且以彼此的交易量和关系水平为基础来确定，即

$$g_{ij}^2 = g_{ij}^2\left(q_{ij}^2, \eta_{ij}^2\right) \quad \forall i, j \tag{4.31}$$

同理，定义 g_{ik}^2 为互联网金融中介 i 和资金需求者 k 之间的信用惩罚函数（互联网金融中介承担的部分）。

$$g_{ik}^2 = g_{ik}^2\left(q_{ik}^2, \eta_{ik}^2\right) \quad \forall i, k \tag{4.32}$$

定义 $\hat{g}_{hi}^1$ 为资金拥有者 h 和互联网金融中介 i 之间的信用惩罚函数（互联网金融中介违约，因而由互联网金融中介承担的部分）。假定信用惩罚函数与交易双方均有关系，且以彼此的交易量和关系水平为基础来确定，即

$$\hat{g}_{hi}^1 = \hat{g}_{hi}^1\left(q_{hi}^1, \eta_{hi}^1\right) \quad \forall h, i \tag{4.33}$$

定义 r_{ij}^2 为互联网金融中介 i 和传统金融中介 j 之间的风险函数（互联网金融中介面临的部分）。假定风险函数不仅与彼此的交易量有关，而且和彼此的关系水平有关。关系水平的上升会带来更高的信任度，会减少交易的不可确定性，从而会降低风险。同时，更高的关系水平会提高决策者在市场中的竞争力。

$$r_{ij}^2 = r_{ij}^2\left(q_{ij}^2, \eta_{ij}^2\right) \quad \forall i, j \tag{4.34}$$

同理，定义 r_{ik}^2 为互联网金融中介 i 和资金需求者 k 之间的风险函数（互联网金融中介面临的部分）。

$$r_{ik}^2 = r_{ik}^2\left(q_{ik}^2, \eta_{ik}^2\right) \quad \forall i, k \tag{4.35}$$

定义 $\hat{r}_{hi}^1$ 为资金拥有者 h 和互联网金融中介 i 之间的风险函数（互联网金融中介面临的部分）。假定风险函数以彼此的交易量和关系水平为基础来确定，即

$$\hat{r}_{hi}^1 = \hat{r}_{hi}^1\left(q_{hi}^1, \eta_{hi}^1\right) \quad \forall h, i \tag{4.36}$$

假定上述关系费用函数、关系水平函数、交易费用函数、操作风险函数、信用惩罚函数、风险函数均为凸函数并且连续可微。

每一个互联网金融中介 i 都有三大目标，第一是净收益最大化，第二是风险最小化，第三是关系水平最高。

1）目标 1：净收益最大化

互联网金融中介 i 的收入由两部分组成，第一部分用价格乘上交易量来表示，第二部分是操作风险函数，即因操作技巧而赢得的超额收益减去技术风险损失的

部分。而其面临的总成本包括四部分，即为了建立和维护一定的关系水平而付出的关系费用、交易过程中的交易费用、因互联网金融中介违约而承担的信用风险、将收到的资金转化为金融产品的转化费用。定义 ρ_{ij}^2 为互联网金融中介 i 投资给传统金融中介 j 的资金价格，ρ_{ik}^2 为互联网金融中介 i 投资给资金需求者 k 的资金价格。互联网金融中介 i 的净收益最大化问题表示为

$$\max z_{1i}^2 = \sum_{j=1}^{J}\left(\rho_{ij}^2 q_{ij}^2 + e_{ij}^2\left(q_{ij}^2\right) - f_{ij}^2\left(\eta_{ij}^2\right) - c_{ij}^2\left(q_{ij}^2, \eta_{ij}^2\right) - g_{ij}^2\left(q_{ij}^2, \eta_{ij}^2\right)\right)$$

$$+ \sum_{k=1}^{K}\left(\rho_{ik}^2 q_{ik}^2 + e_{ik}^2\left(q_{ik}^2\right) - f_{ik}^2\left(\eta_{ik}^2\right) - c_{ik}^2\left(q_{ik}^2, \eta_{ik}^2\right) - g_{ik}^2\left(q_{ik}^2, \eta_{ik}^2\right)\right) \quad (4.37)$$

$$- c_i(Q^1) - \sum_{h=1}^{H}\left(\rho_{hi}^1 q_{hi}^1 + \hat{f}_{hi}^1\left(q_{hi}^1\right) + \hat{c}_{hi}^1\left(q_{hi}^1, \eta_{hi}^1\right) + \hat{g}_{hi}^1\left(q_{hi}^1, \eta_{hi}^1\right)\right)$$

满足的条件是

$$q_{hi}^1 \geqslant 0, \quad q_{ij}^2 \geqslant 0, \quad q_{ik}^2 \geqslant 0 \quad \forall h, i, j$$

$$0 \leqslant \eta_{hi}^1 \leqslant 1, \ 0 \leqslant \eta_{ij}^2 \leqslant 1, \ 0 \leqslant \eta_{ik}^2 \leqslant 1 \quad \forall h, i, j$$

同时满足式（4.18）。

2）目标 2：风险最小化

互联网金融中介 i 还追求风险的最小化：

$$\min z_{2i}^2 = \sum_{j=1}^{J} r_{ij}^2\left(q_{ij}^2, \eta_{ij}^2\right) + \sum_{k=1}^{K} r_{ik}^2\left(q_{ik}^2, \eta_{ik}^2\right) + \sum_{h=1}^{H} \hat{r}_{hi}^1\left(q_{hi}^1, \eta_{hi}^1\right) \quad (4.38)$$

满足的条件是

$$q_{hi}^1 \geqslant 0, \quad q_{ij}^2 \geqslant 0, \quad q_{ik}^2 \geqslant 0 \quad \forall h, i, j$$

$$0 \leqslant \eta_{hi}^1 \leqslant 1, \ 0 \leqslant \eta_{ij}^2 \leqslant 1, \ 0 \leqslant \eta_{ik}^2 \leqslant 1 \quad \forall h, i, j$$

3）目标 3：关系水平最高

互联网金融中介 i 还试图和网络中的其他决策者建立以及保持更高的关系水平：

$$\max z_{3i}^2 = \sum_{j=1}^{J} v_{ij}^2\left(\eta_{ij}^2\right) + \sum_{k=1}^{K} v_{ik}^2\left(\eta_{ik}^2\right) + \sum_{h=1}^{H} \hat{v}_{hi}^1\left(\eta_{hi}^1\right) \quad (4.39)$$

满足的条件是

$$0 \leqslant \eta_{hi}^1 \leqslant 1, \ 0 \leqslant \eta_{ij}^2 \leqslant 1, \ 0 \leqslant \eta_{ik}^2 \leqslant 1 \quad \forall h, i, j$$

现在讨论互联网金融中介 i 的多目标决策问题。定义 U_i 为多目标决策函数，α_i 为非负的风险权重，β_i 为非负的关系权重。

$$\max U_i = \sum_{j=1}^{J} \left(\rho_{ij}^2 q_{ij}^2 + e_{ij}^2 \left(q_{ij}^2 \right) - f_i^2 \left(\eta_{ij}^2 \right) - c_{ij}^2 \left(q_{ij}^2, \eta_{ij}^2 \right) - g_{ij}^2 \left(q_{ij}^2, \eta_{ij}^2 \right) \right)$$

$$+ \sum_{k=1}^{K} \left(\rho_{ik}^2 q_{ik}^2 + e_{ik}^2 \left(q_{ik}^2 \right) - f_{ik}^2 \left(\eta_{ik}^2 \right) - c_{ik}^2 \left(q_{ik}^2, \eta_{ik}^2 \right) - g_{ik}^2 \left(q_{ik}^2, \eta_{ik}^2 \right) \right)$$

$$- c_i \left(Q^1 \right) - \sum_{h=1}^{H} \left(\rho_{hi}^1 q_{hi}^1 + \hat{f}_{hi}^1 \left(\eta_{hi}^1 \right) + \hat{c}_{hi}^1 \left(q_{hi}^1, \eta_{hi}^1 \right) + \hat{g}_{hi}^1 \left(q_{hi}^1, \eta_{hi}^1 \right) \right) \quad （4.40）$$

$$- \alpha_i \left(\sum_{j=1}^{J} r_{ij}^2 \left(q_{ij}^2, \eta_{ij}^2 \right) + \sum_{k=1}^{K} r_{ik}^2 \left(q_{ik}^2, \eta_{ik}^2 \right) + \sum_{i=1}^{I} \hat{r}_{hi}^1 \left(q_{hi}^1, \eta_{hi}^1 \right) \right)$$

$$+ \beta_i \left(\sum_{j=1}^{J} v_{ij}^2 \left(\eta_{ij}^2 \right) + \sum_{k=1}^{K} v_{ik}^2 \left(\eta_{ik}^2 \right) + \sum_{i=1}^{I} \hat{v}_{hi}^1 \left(\eta_{hi}^1 \right) \right)$$

满足的条件是

$$q_{hi}^1 \geqslant 0, \ q_{ij}^2 \geqslant 0, \ q_{ik}^2 \geqslant 0 \quad \forall h, i, j$$

$$0 \leqslant \eta_{hi}^1 \leqslant 1, \ 0 \leqslant \eta_{ij}^2 \leqslant 1, \ 0 \leqslant \eta_{ik}^2 \leqslant 1 \quad \forall h, i, j$$

$$\sum_{j=1}^{J} q_{ij}^2 + \sum_{k=1}^{K} q_{ik}^2 \leqslant \sum_{h=1}^{H} q_{hi}^1 \quad \forall i$$

同理可证式（4.40）是严格凹函数，从而用变分不等式表示满足所有互联网金融中介的均衡条件：

$$\sum_{i=1}^{I} \sum_{j=1}^{J} \left[\alpha_i \frac{\partial r_{ij}^2 \left(q_{ij}^{2*}, \eta_{ij}^{2*} \right)}{\partial q_{ij}^2} + \frac{\partial c_{ij}^2 \left(q_{ij}^{2*}, \eta_{ij}^{2*} \right)}{\partial q_{ij}^2} + \frac{\partial g_{ij}^2 \left(q_{ij}^{2*}, \eta_{ij}^{2*} \right)}{\partial q_{ij}^2} - \frac{\partial e_{ij}^2 \left(q_{ij}^{2*} \right)}{\partial q_{ij}^2} - \rho_{ij}^{2*} + \gamma_i^* \right]$$

$$\times \left(q_{ij}^2 - q_{ij}^{2*} \right) + \sum_{i=1}^{I} \sum_{k=1}^{K} \left[\alpha_i \frac{\partial r_{ik}^2 \left(q_{ik}^{2*}, \eta_{ik}^{2*} \right)}{\partial q_{ik}^2} + \frac{\partial c_{ik}^2 \left(q_{ik}^{2*}, \eta_{ik}^{2*} \right)}{\partial q_{ik}^2} + \frac{\partial g_{ik}^2 \left(q_{ik}^{2*}, \eta_{ik}^{2*} \right)}{\partial q_{ik}^2} - \frac{\partial e_{ik}^2 \left(q_{ik}^{2*} \right)}{\partial q_{ik}^2} \right.$$

$$\left. - \rho_{ik}^{2*} + \gamma_i^* \right] \times \left(q_{ik}^2 - q_{ik}^{2*} \right) + \sum_{h=1}^{H} \sum_{i=1}^{I} \left[\alpha_i \frac{\partial \hat{r}_{hi}^1 \left(q_{hi}^{1*}, \eta_{hi}^{1*} \right)}{\partial \eta_{hi}^1} + \frac{\partial c_i \left(Q^{1*} \right)}{\partial q_{hi}^1} + \rho_{hi}^{1*} + \frac{\partial \hat{c}_{hi}^1 \left(q_{hi}^{1*}, \eta_{hi}^{1*} \right)}{\partial q_{hi}^1} \right.$$

$$\left. + \frac{\partial \hat{g}_{hi}^1 \left(q_{hi}^{1*}, \eta_{hi}^{1*} \right)}{\partial q_{hi}^1} - \gamma_i^* \right] \times \left(q_{hi}^1 - q_{hi}^{1*} \right) + \sum_{i=1}^{I} \sum_{j=1}^{J} \left[\alpha_i \frac{\partial r_{ij}^2 \left(q_{ij}^{2*}, \eta_{ij}^{2*} \right)}{\partial \eta_{ij}^2} + \frac{\partial f_{ij}^2 \left(\eta_{ij}^{2*} \right)}{\partial \eta_{ij}^2} + \frac{\partial c_{ij}^2 \left(q_{ij}^{2*}, \eta_{ij}^{2*} \right)}{\partial \eta_{ij}^2} \right.$$

$$\left. + \frac{\partial g_{ij}^2 \left(q_{ij}^{2*}, \eta_{ij}^{2*} \right)}{\partial \eta_{ij}^2} - \beta_i \frac{\partial v_{ij}^2 \left(\eta_{ij}^{2*} \right)}{\partial \eta_{ij}^2} \right] \times \left(\eta_{ij}^2 - \eta_{ij}^{2*} \right) + \sum_{i=1}^{I} \sum_{k=1}^{K} \left[\alpha_i \frac{\partial r_{ik}^2 \left(q_{ik}^{2*}, \eta_{ik}^{2*} \right)}{\partial \eta_{ik}^2} + \frac{\partial f_{ik}^2 \left(\eta_{ik}^{2*} \right)}{\partial \eta_{ik}^2} \right.$$

$$\left. + \frac{\partial c_{ik}^2 \left(q_{ik}^{2*}, \eta_{ik}^{2*} \right)}{\partial \eta_{ik}^2} + \frac{\partial g_{ik}^2 \left(q_{ik}^{2*}, \eta_{ik}^{2*} \right)}{\partial \eta_{ik}^2} - \beta_i \frac{\partial v_{ik}^2 \left(\eta_{ik}^{2*} \right)}{\partial \eta_{ik}^2} \right] \times \left(\eta_{ik}^2 - \eta_{ik}^{2*} \right) + \sum_{h=1}^{H} \sum_{i=1}^{I} \left[\alpha_i \frac{\partial \hat{r}_{hi}^1 \left(q_{hi}^{1*}, \eta_{hi}^{1*} \right)}{\partial \eta_{hi}^1} \right.$$

$$+\frac{\partial \hat{f}_{hi}^1\left(\eta_{hi}^{1*}\right)}{\partial \eta_{hi}^1}+\frac{\partial \hat{c}_{hi}^1\left(q_{hi}^{1*},\eta_{hi}^{1*}\right)}{\partial \eta_{hi}^1}+\frac{\partial \hat{g}_{hi}^1\left(q_{hi}^{1*},\eta_{hi}^{1*}\right)}{\partial \eta_{hi}^1}-\beta_i\frac{\partial \hat{v}_{hi}^1\left(\eta_{hi}^{1*}\right)}{\partial \eta_{hi}^1}\Bigg]\times\left(\eta_{hi}^1-\eta_{hi}^{1*}\right)$$

$$+\sum_{i=1}^{I}\left(\sum_{h=1}^{H}q_{hi}^{1*}-\sum_{j=1}^{J}q_{ij}^{2*}-\sum_{k=1}^{K}q_{ik}^{2*}\right)\times\left(\gamma_i-\gamma_i^*\right)\geqslant 0,\quad \forall(Q^1,Q^3,Q^4,H^1,H^3,H^4)\in K^2$$

（4.41）

其中，

$$K^2\equiv\left\{(Q^1,Q^3,Q^4,H^1,H^3,H^4)\left|\begin{array}{l}q_{hi}^1\geqslant 0,\ q_{ij}^2\geqslant 0,\ q_{ik}^2\geqslant 0,\ 0\leqslant\eta_{hi}^1\leqslant 1,\\ 0\leqslant\eta_{ij}^2\leqslant 1,\ 0\leqslant\eta_{ik}^2\leqslant 1,\ \gamma_i\geqslant 0,\ \forall h,i,j,k,\\ \text{且满足式（4.18）}\end{array}\right.\right\}$$

4.3.3　传统金融中介的行为分析和最优化条件

对传统金融中介而言，流入的资金有两种，即资金拥有者 h 投资给传统金融中介 j 的资金 q_{hj}^1，共有 HJ 条链接连接资金拥有者和传统金融中介，每条链接上的资金流量为 q_{hj}^1，汇总形成向量 $Q^2\in R_+^{HJ}$；以及互联网金融中介 i 投资给传统金融中介 j 的资金 q_{ij}^2，共有 IJ 条链接连接互联网金融中介和传统金融中介，每条链接上的资金流量为 q_{ij}^2，汇总形成向量 $Q^3\in R_+^{IJ}$。流出的资金为传统金融中介 i 直接将 q_{jk}^3 的资金投资给资金需求者 k，共有 JK 条链接连接传统金融中介和资金需求者，每条链接上的资金流量为 q_{jk}^3，汇总形成向量 $Q^5\in R_+^{JK}$。

对每一个传统金融中介而言，所投资的资金数目，即流出的资金数目，不能超过流入的资金数目。

$$\sum_{k=1}^{K}q_{jk}^3\leqslant\sum_{h=1}^{H}q_{hj}^1+\sum_{i=1}^{I}q_{ij}^2\quad \forall j$$

（4.42）

定义 η_{jk}^3 表示传统金融中介 j 和资金需求者 k 之间的关系，汇总形成向量 $H^5\in R_+^{JK}$。每一个传统金融中介都需要为了建立和维护与资金拥有者、互联网金融中介以及资金需求者之间的关系，承担一些费用和支出。假定这些关系水平在区间[0, 1]上，关系水平为 0 代表没有关系，关系水平为 1 代表可能的最高的关系水平。

定义 f_{jk}^3 为传统金融中介 j 和资金需求者 k 之间的关系费用函数（传统金融中介承担的部分）。假定交易费用以彼此的关系水平为基础来确定，即

$$f_{jk}^3=f_{jk}^3\left(\eta_{jk}^3\right)\quad \forall j,k$$

（4.43）

定义 $\hat{f}_{hj}^1$ 为资金拥有者 h 和传统金融中介 j 之间的关系费用函数（传统金融中介承担的部分）。假定关系费用以彼此的关系水平为基础来确定，即

$$\hat{f}_{hj}^1 = \hat{f}_{hj}^1\left(\eta_{hj}^1\right) \quad \forall h,j \tag{4.44}$$

同理,定义 $\hat{f}_{ij}^2$ 为互联网金融中介 i 和传统金融中介 j 之间的关系费用函数(传统金融中介承担的部分)。

$$\hat{f}_{ij}^2 = \hat{f}_{ij}^2\left(\eta_{ij}^2\right) \quad \forall i,j \tag{4.45}$$

定义 v_{jk}^3 为传统金融中介 j 和资金需求者 k 之间的关系水平函数(传统金融中介面临的部分)。假定关系费用以彼此的关系水平为基础来确定,即

$$v_{jk}^3 = v_{jk}^3\left(\eta_{jk}^3\right) \quad \forall j,k \tag{4.46}$$

定义 $\hat{v}_{hj}^1$ 为资金拥有者 h 和传统金融中介 j 之间的关系水平函数(传统金融中介面临的部分)。假定关系费用以彼此的关系水平为基础来确定,即

$$\hat{v}_{hj}^1 = \hat{v}_{hj}^1\left(\eta_{hj}^1\right) \quad \forall h,j \tag{4.47}$$

同理,定义 $\hat{v}_{ij}^2$ 为互联网金融中介 i 和传统金融中介 j 之间的关系水平函数(传统金融中介面临的部分)。

$$\hat{v}_{ij}^2 = \hat{v}_{ij}^2\left(\eta_{ij}^2\right) \quad \forall i,j \tag{4.48}$$

定义 c_{jk}^3 为传统金融中介 j 和资金需求者 k 之间的交易费用函数(传统金融中介承担的部分)。假定交易费用以彼此的交易量和关系水平为基础来确定,即

$$c_{jk}^3 = c_{jk}^3\left(q_{jk}^3, \eta_{jk}^3\right) \quad \forall j,k \tag{4.49}$$

定义 $\hat{c}_{hj}^1$ 为资金拥有者 h 和传统金融中介 j 之间的交易费用函数(传统金融中介承担的部分)。假定交易费用以彼此的交易量和关系水平为基础来确定,即

$$\hat{c}_{hj}^1 = \hat{c}_{hj}^1\left(q_{hj}^1, \eta_{hj}^1\right) \quad \forall h,j \tag{4.50}$$

同理,定义 $\hat{c}_{ij}^2$ 为互联网金融中介 i 和传统金融中介 j 之间的交易费用函数(传统金融中介承担的部分)。

$$\hat{c}_{ij}^2 = \hat{c}_{ij}^2\left(q_{ij}^2, \eta_{ij}^2\right) \quad \forall i,j \tag{4.51}$$

定义 c_j 为传统金融中介 j 的转化费用函数,包括将收到的资金拥有者以及互联网金融中介投资的资金转化为资金需求者需求的相关金融产品的费用。假定转化费用函数以流入传统金融中介 i 的资金量 $\sum_{h=1}^{H} q_{hj}^1$ 和 $\sum_{i=1}^{I} q_{ij}^2$ 为基础来确定,即

$$c_j = c_j\left(Q^2\right) \quad \forall j \tag{4.52}$$

$$c_j = c_j\left(Q^3\right) \quad \forall j \tag{4.53}$$

定义 e_{jk}^3 为传统金融中介 j 和资金需求者 k 之间的操作风险函数。定义操作风险函数由操作利润函数 $a_j^3 E_{jk}^3\left(q_{jk}^3\right)$ 和技术惩罚函数 $b_j^3 T_{jk}^3\left(q_{jk}^3\right)$ 两部分组成。假定操

作利润函数代表因传统金融中介的操作技巧而获得的超额收益。假定技术惩罚函数代表因传统金融中介设备故障而导致的损失，由传统金融中介自身承担。定义 a_j^3 为传统金融中介 j 的操作水平系数，假定这个系数只与传统金融中介一方有关。假定操作风险函数的组成部分 E_{jk}^3 是以彼此的交易量为基础来确定。定义 b_j^3 为传统金融中介 j 的技术风险系数，假定这个系数只与传统金融中介一方有关。假定技术惩罚函数的组成部分 T_{jk}^3 是以彼此的交易量为基础来确定，即

$$e_{jk}^3 = a_j^3 E_{jk}^3\left(q_{jk}^3\right) - b_j^3 T_{jk}^3\left(q_{jk}^3\right) \quad \forall j,k \qquad (4.54)$$

定义 g_{jk}^3 为传统金融中介 j 和资金需求者 k 之间的信用惩罚函数（传统金融中介违约，因而由传统金融中介承担的部分）。假定信用惩罚函数与交易双方均有关系，且以彼此的交易量和关系水平为基础来确定，即

$$g_{jk}^3 = g_{jk}^3\left(q_{jk}^3, \eta_{jk}^3\right) \quad \forall j,k \qquad (4.55)$$

定义 $\hat{g}_{hj}^1$ 为资金拥有者 h 和传统金融中介 j 之间的信用惩罚函数（传统金融中介违约，因而由传统金融中介承担的部分）。假定信用惩罚函数与交易双方均有关系，且以彼此的交易量和关系水平为基础来确定，即

$$\hat{g}_{hj}^1 = \hat{g}_{hj}^1\left(q_{hj}^1, \eta_{hj}^1\right) \quad \forall h,j \qquad (4.56)$$

同理，定义 $\hat{g}_{ij}^2$ 为互联网金融中介 i 和传统金融中介 j 之间的信用惩罚函数（传统金融中介承担的部分）。

$$\hat{g}_{ij}^2 = \hat{g}_{ij}^2\left(q_{ij}^2, \eta_{ij}^2\right) \quad \forall i,j \qquad (4.57)$$

定义 r_{jk}^3 为传统金融中介 j 和资金需求者 k 之间的风险函数（传统金融中介面临的部分）。假定风险函数不仅与彼此的交易量有关，而且和彼此的关系水平有关。关系水平的上升会带来更高的信任度，会减少交易的不可确定性，从而会降低风险。同时，更高的关系水平会提高决策者在市场中的竞争力。

$$r_{jk}^3 = r_{jk}^3\left(q_{jk}^3, \eta_{jk}^3\right) \quad \forall j,k \qquad (4.58)$$

定义 $\hat{r}_{hj}^1$ 为资金拥有者 h 和传统金融中介 j 之间的风险函数（传统金融中介面临的部分）。假定风险函数以彼此的交易量和关系水平为基础来确定，即

$$\hat{r}_{hj}^1 = \hat{r}_{hj}^1\left(q_{hj}^1, \eta_{hj}^1\right) \quad \forall h,j \qquad (4.59)$$

同理，定义 $\hat{r}_{ij}^2$ 为互联网金融中介 i 和传统金融中介 j 之间的风险函数（传统金融中介面临的部分）。

$$\hat{r}_{ij}^2 = \hat{r}_{ij}^2\left(q_{ij}^2, \eta_{ij}^2\right) \quad \forall i,j \qquad (4.60)$$

假定上述关系费用函数、关系水平函数、交易费用函数、操作风险函数、信用惩罚函数、风险函数均为凸函数并且连续可微。

每一个传统金融中介 j 都有三大目标，第一是净收益最大化，第二是风险最小化，第三是关系水平最高。

1）目标 1：净收益最大化

传统金融中介 j 的收入由两部分组成，第一部分用价格乘上交易量来表示，第二部分是操作风险函数，即因操作技巧而赢得的超额收益减去技术风险损失的部分。而其面临的总成本包括四部分，即为了建立和维护一定的关系水平而付出的关系费用、交易过程中的交易费用、因传统金融中介违约而承担的信用风险、将收到的资金转化为金融产品的转化费用。定义 ρ_{jk}^3 为传统金融中介 j 投资给资金需求者 k 的资金价格。传统金融中介 j 的净收益最大化问题表示为

$$
\begin{aligned}
\max z_{1j}^3 = & \sum_{k=1}^K \left(\rho_{jk}^3 q_{jk}^3 + e_{jk}^3 \left(q_{jk}^3 \right) - f_{jk}^3 \left(\eta_{jk}^3 \right) - c_{jk}^3 \left(q_{jk}^3, \eta_{jk}^3 \right) - g_{jk}^3 \left(q_{jk}^3, \eta_{jk}^3 \right) \right) \\
& - c_j \left(Q^2 \right) - \sum_{h=1}^H \left(\rho_{hj}^1 q_{hj}^1 + \hat{f}_{hj}^1 \left(\eta_{hj}^1 \right) + \hat{c}_{hj}^1 \left(q_{hj}^1, \eta_{hj}^1 \right) + \hat{g}_{hj}^1 \left(q_{hj}^1, \eta_{hj}^1 \right) \right) \quad (4.61) \\
& - c_j \left(Q^3 \right) - \sum_{i=1}^I \left(\rho_{ij}^2 q_{ij}^2 + \hat{f}_{ij}^2 \left(\eta_{ij}^2 \right) + \hat{c}_{ij}^2 \left(q_{ij}^2, \eta_{ij}^2 \right) + \hat{g}_{ij}^2 \left(q_{ij}^2, \eta_{ij}^2 \right) \right)
\end{aligned}
$$

满足的条件是

$$
q_{hj}^1 \geqslant 0, \ q_{ij}^2 \geqslant 0, \ q_{jk}^3 \geqslant 0 \quad \forall h, i, j, k
$$

$$
0 \leqslant \eta_{hj}^1 \leqslant 1, \ 0 \leqslant \eta_{ij}^2 \leqslant 1, \ 0 \leqslant \eta_{jk}^3 \leqslant 1 \quad \forall h, i, j, k
$$

同时满足式（4.58）。

2）目标 2：风险最小化

传统金融中介 j 还追求风险的最小化：

$$
\min z_{2j}^3 = \sum_{k=1}^K r_{jk}^3 \left(q_{jk}^3, \eta_{jk}^3 \right) + \sum_{h=1}^H \hat{r}_{hj}^1 \left(q_{hj}^1, \eta_{hj}^1 \right) + \sum_{i=1}^I \hat{r}_{ij}^2 \left(q_{ij}^2, \eta_{ij}^2 \right) \quad (4.62)
$$

满足的条件是

$$
q_{hj}^1 \geqslant 0, \ q_{ij}^2 \geqslant 0, \ q_{jk}^3 \geqslant 0 \quad \forall h, i, j, k
$$

$$
0 \leqslant \eta_{hj}^1 \leqslant 1, \ 0 \leqslant \eta_{ij}^2 \leqslant 1, \ 0 \leqslant \eta_{jk}^3 \leqslant 1 \quad \forall h, i, j, k
$$

3）目标 3：关系水平最高

传统金融中介 j 还试图和网络中的其他决策者建立以及保持更高的关系水平：

$$
\max z_{3j}^3 = \sum_{k=1}^K v_{jk}^3 \left(\eta_{jk}^3 \right) + \sum_{h=1}^H \hat{v}_{hj}^1 \left(\eta_{hj}^1 \right) + \sum_{i=1}^I \hat{v}_{ij}^2 \left(\eta_{ij}^2 \right) \quad (4.63)
$$

满足的条件是

$$0 \leqslant \eta_{hj}^1 \leqslant 1, \ 0 \leqslant \eta_{ij}^2 \leqslant 1, \ 0 \leqslant \eta_{jk}^3 \leqslant 1 \quad \forall h,i,j,k$$

现在讨论传统金融中介 j 的多目标决策问题。定义 U_j 为多目标决策函数，α_j 为非负的风险权重，β_j 为非负的关系权重。

$$\begin{aligned}
\max U_j = &\sum_{k=1}^K \left(\rho_{jk}^3 q_{jk}^3 + e_{jk}^3 \left(q_{jk}^3 \right) - f_{jk}^3 \left(\eta_{jk}^3 \right) - c_{jk}^3 \left(q_{jk}^3, \eta_{jk}^3 \right) - g_{jk}^3 \left(q_{jk}^3, \eta_{jk}^3 \right) \right) \\
&- c_j \left(Q^2 \right) - \sum_{h=1}^H \left(\rho_{hj}^1 q_{hj}^1 + \hat{f}_{hj}^1 \left(\eta_{hj}^1 \right) + \hat{c}_{hj}^1 \left(q_{hj}^1, \eta_{hj}^1 \right) + \hat{g}_{hj}^1 \left(q_{hj}^1, \eta_{hj}^1 \right) \right) \\
&- c_j \left(Q^3 \right) - \sum_{i=1}^I \left(\rho_{ij}^2 q_{ij}^2 + \hat{f}_{ij}^2 \left(\eta_{ij}^2 \right) + \hat{c}_{ij}^2 \left(q_{ij}^2, \eta_{ij}^2 \right) + \hat{g}_{ij}^2 \left(q_{ij}^2, \eta_{ij}^2 \right) \right) \\
&- \alpha_j \left(\sum_{k=1}^K r_{jk}^3 \left(q_{jk}^3, \eta_{jk}^3 \right) + \sum_{h=1}^H \hat{r}_{hj}^1 \left(q_{hj}^1, \eta_{hj}^1 \right) + \sum_{i=1}^I \hat{r}_{ij}^2 \left(q_{ij}^2, \eta_{ij}^2 \right) \right) \\
&+ \beta_j \left(\sum_{k=1}^K v_{jk}^3 \left(\eta_{jk}^3 \right) + \sum_{h=1}^H \hat{v}_{hj}^1 \left(\eta_{hj}^1 \right) + \sum_{i=1}^I \hat{v}_{ij}^2 \left(\eta_{ij}^2 \right) \right)
\end{aligned} \quad (4.64)$$

满足的条件是

$$q_{hj}^1 \geqslant 0, \ q_{ij}^2 \geqslant 0, \ q_{jk}^3 \geqslant 0 \quad \forall h,i,j,k$$

$$0 \leqslant \eta_{hj}^1 \leqslant 1, \ 0 \leqslant \eta_{ij}^2 \leqslant 1, \ 0 \leqslant \eta_{jk}^3 \leqslant 1 \quad \forall h,i,j,k$$

$$\sum_{k=1}^K q_{jk}^3 \leqslant \sum_{h=1}^H q_{hj}^1 + \sum_{i=1}^I q_{ij}^2 \quad \forall j$$

同理可证式（4.64）是严格凹函数，从而用变分不等式表示满足所有传统金融中介的均衡条件：

$$\begin{aligned}
&\sum_{j=1}^J \sum_{k=1}^K \left[\alpha_j \frac{\partial r_{jk}^3 \left(q_{jk}^{3*}, \eta_{jk}^{3*} \right)}{\partial q_{jk}^3} + \frac{\partial c_{jk}^3 \left(q_{jk}^{3*}, \eta_{jk}^{3*} \right)}{\partial q_{jk}^3} + \frac{\partial g_{jk}^3 \left(q_{jk}^{3*}, \eta_{jk}^{3*} \right)}{\partial q_{jk}^3} - \frac{\partial e_{jk}^3 \left(q_{jk}^{3*} \right)}{\partial q_{jk}^3} - \rho_{jk}^{3*} + \gamma_j^* \right] \\
&\times \left(q_{jk}^3 - q_{jk}^{3*} \right) + \sum_{h=1}^H \sum_{j=1}^J \left[\alpha_j \frac{\partial \hat{r}_{hj}^1 \left(q_{hj}^{1*}, \eta_{hj}^{1*} \right)}{\partial q_{hj}^1} + \frac{\partial c_j \left(Q^{2*} \right)}{\partial q_{hj}^1} + \rho_{hj}^{1*} + \frac{\partial \hat{c}_{hj}^1 \left(q_{hj}^{1*}, \eta_{hj}^{1*} \right)}{\partial q_{hj}^1} \right. \\
&\left. + \frac{\partial \hat{g}_{hj}^1 \left(q_{hj}^{1*}, \eta_{hj}^{1*} \right)}{\partial q_{hj}^1} - \gamma_j^* \right] \times \left(q_{hj}^1 - q_{hj}^{1*} \right) + \sum_{i=1}^I \sum_{j=1}^J \left[\alpha_j \frac{\partial \hat{r}_{ij}^2 \left(q_{ij}^{2*}, \eta_{ij}^{2*} \right)}{\partial q_{ij}^2} + \frac{\partial c_j \left(Q^{3*} \right)}{\partial q_{ij}^2} + \rho_{ij}^{2*} \right. \\
&\left. + \frac{\partial \hat{c}_{ij}^2 \left(q_{ij}^{2*}, \eta_{ij}^{2*} \right)}{\partial q_{ij}^2} + \frac{\partial \hat{g}_{ij}^2 \left(q_{ij}^{2*}, \eta_{ij}^{2*} \right)}{\partial q_{ij}^2} - \gamma_j^* \right] \times \left(q_{ij}^2 - q_{ij}^{2*} \right) + \sum_{j=1}^J \sum_{k=1}^K \left[\alpha_j \frac{\partial r_{jk}^3 \left(q_{jk}^{3*}, \eta_{jk}^{3*} \right)}{\partial \eta_{jk}^3} \right. \\
&\left. + \frac{\partial f_{jk}^3 \left(\eta_{jk}^{3*} \right)}{\partial \eta_{jk}^3} + \frac{\partial c_{jk}^3 \left(q_{jk}^{3*}, \eta_{jk}^{3*} \right)}{\partial \eta_{jk}^3} + \frac{\partial g_{jk}^3 \left(q_{jk}^{3*}, \eta_{jk}^{3*} \right)}{\partial \eta_{jk}^3} - \beta_j \frac{\partial v_{jk}^3 \left(\eta_{jk}^{3*} \right)}{\partial \eta_{jk}^3} \right] \times \left(\eta_{jk}^3 - \eta_{jk}^{3*} \right)
\end{aligned}$$

$$+\sum_{h=1}^{H}\sum_{j=1}^{J}\left[\alpha_j\frac{\partial\hat{r}_{hj}^1\left(q_{hj}^{1*},\eta_{hj}^{1*}\right)}{\partial\eta_{hj}^1}+\frac{\partial\hat{f}_{hj}^1\left(\eta_{hj}^1\right)}{\partial\eta_{hj}^1}+\frac{\partial\hat{c}_{hj}^1\left(q_{hj}^{1*},\eta_{hj}^{1*}\right)}{\partial\eta_{hj}^1}+\frac{\partial\hat{g}_{hj}^1\left(q_{hj}^{1*},\eta_{hj}^{1*}\right)}{\partial\eta_{hj}^1}-\beta_j\frac{\partial\hat{v}_{hj}^1\left(\eta_{hj}^1\right)}{\partial\eta_{hj}^1}\right]$$

$$\times\left(\eta_{hj}^1-\eta_{hj}^{1*}\right)+\sum_{i=1}^{I}\sum_{j=1}^{J}\left[\alpha_j\frac{\partial\hat{r}_{ij}^2\left(q_{ij}^{2*},\eta_{ij}^{2*}\right)}{\partial\eta_{ij}^2}+\frac{\partial\hat{f}_{ij}^2\left(\eta_{ij}^2\right)}{\partial\eta_{ij}^2}+\frac{\partial\hat{c}_{ij}^2\left(q_{ij}^{2*},\eta_{ij}^{2*}\right)}{\partial\eta_{ij}^2}+\frac{\partial\hat{g}_{ij}^2\left(q_{ij}^{2*},\eta_{ij}^{2*}\right)}{\partial\eta_{ij}^2}\right.$$

$$\left.-\beta_j\frac{\partial\hat{v}_{ij}^2\left(\eta_{ij}^2\right)}{\partial\eta_{ij}^2}\right]\times\left(\eta_{ij}^2-\eta_{ij}^{2*}\right)+\sum_{j=1}^{J}\left(\sum_{h=1}^{H}q_{hj}^{1*}+\sum_{i=1}^{I}q_{ij}^{2*}-\sum_{k=1}^{K}q_{jk}^{3*}\right)\left(\gamma_j-\gamma_j^*\right)\geqslant 0$$

$$\forall(Q^2,Q^3,Q^5,H^2,H^3,H^5)\in K^3$$

$$(4.65)$$

其中，

$$K^3\equiv\left\{(Q^2,Q^3,Q^5,H^2,H^3,H^5)\left|\begin{array}{c}q_{hj}^1\geqslant 0,\ q_{ij}^2\geqslant 0,\ q_{jk}^3\geqslant 0,\ 0\leqslant\eta_{hj}^1\leqslant 1,\\ 0\leqslant\eta_{ij}^2\leqslant 1,\ 0\leqslant\eta_{jk}^3\leqslant 1,\ \gamma_j\geqslant 0,\ \forall h,i,j,k,\\ \text{且满足式（4.42）}\end{array}\right.\right\}$$

4.3.4　资金需求者的行为分析和均衡条件

对资金需求者而言，流入的资金有两种，即互联网金融中介 i 投资给资金需求者 k 的资金 q_{ik}^2，共有 IK 条链接连接互联网金融中介和资金需求者，每条链接上的资金流量为 q_{ik}^2，汇总形成向量 $Q^4\in R_+^{IK}$；以及传统金融中介 j 投资给资金需求者 k 的资金 q_{jk}^3，共有 JK 条链接连接传统金融中介和资金需求者，每条链接上的资金流量为 q_{jk}^3，汇总形成向量 $Q^5\in R_+^{JK}$。

资金需求者的决策不仅取决于互联网金融中介和传统金融中介提供的金融产品的价格，而且取决于获得金融产品的交易费用和信用风险。

定义 $\hat{c}_{ik}^2$ 为互联网金融中介 i 和资金需求者 k 之间的交易费用函数（资金需求者承担的部分）。从资金需求者的角度看，交易费用与互联网金融中介以及传统金融中介投资给资金需求者的资金量有关，且与相应的关系水平有关。更高的关系水平可能减轻交易成本压力，意味着他们能通过提高关系水平批量化地降低成本。这个成本函数的构造使得资金需求者占据竞争优势，特别是信息优势，资金需求者可以通过交流得知各自和互联网金融中介以及传统金融中介的交易量和关系水平，以提高决策能力。

$$\hat{c}_{ik}^2=\hat{c}_{ik}^2(Q^4,Q^5,H^4,H^5)\quad\forall i,k\qquad(4.66)$$

同理，定义 $\hat{c}_{jk}^3$ 为传统金融中介 j 和资金需求者 k 之间的交易费用函数（资金需求者承担的部分）。

$$\hat{c}_{jk}^3 = \hat{c}_{jk}^3(Q^4, Q^5, H^4, H^5) \quad \forall j, k \tag{4.67}$$

定义 $\hat{g}_{ik}^2$ 为互联网金融中介 i 和资金需求者 k 之间的信用惩罚函数（资金需求者违约，因而由资金需求者承担的部分）。假定信用惩罚函数与交易双方均有关系，且以彼此的交易量和关系水平为基础来确定，即

$$\hat{g}_{ik}^2 = \hat{g}_{ik}^2\left(q_{ik}^2, \eta_{ik}^2\right) \quad \forall i, k \tag{4.68}$$

同理，定义 $\hat{g}_{jk}^3$ 为传统金融中介 j 和资金需求者 k 之间的信用惩罚函数（资金需求者承担的部分）。

$$\hat{g}_{jk}^3 = \hat{g}_{jk}^3\left(q_{jk}^3, \eta_{jk}^3\right) \quad \forall j, k \tag{4.69}$$

假设连续的需求函数以市场价格向量 ρ^4 为基础来确定，则

$$d_k = d_k(\rho^4) \quad \forall k \tag{4.70}$$

对所有的互联网金融中介

$$\rho_{ik}^{2*} + \hat{c}_{ik}^2(Q^{4*}, Q^{5*}, H^{4*}, H^{5*}) + \hat{g}_{ik}^2\left(q_{ik}^{2*}\right) \begin{cases} = \rho_k^{4*}, & q_{ik}^{2*} > 0 \\ \geqslant \rho_k^{4*}, & q_{ik}^{2*} = 0 \end{cases} \tag{4.71}$$

对所有的传统金融中介

$$\rho_{jk}^{3*} + \hat{c}_{jk}^3(Q^{4*}, Q^{5*}, H^{4*}, H^{5*}) + \hat{g}_{jk}^3\left(q_{jk}^{3*}\right) \begin{cases} = \rho_k^{4*}, & q_{jk}^{3*} > 0 \\ \geqslant \rho_k^{4*}, & q_{jk}^{3*} = 0 \end{cases} \tag{4.72}$$

除此之外，还有

$$d_k(\rho^{4*}) \begin{cases} = \sum_{i=1}^{I} q_{ik}^{2*} + \sum_{j=1}^{J} q_{jk}^{3*}, & \rho_k^{4*} > 0 \\ \leqslant \sum_{i=1}^{I} q_{ik}^{2*} + \sum_{j=1}^{J} q_{jk}^{3*}, & \rho_k^{4*} = 0 \end{cases} \tag{4.73}$$

约束条件式（4.71）表示如果资金需求者 k 从互联网金融中介 i 处购买金融产品，那么互联网金融中介商 i 的产品价格、交易费用加上信用惩罚不超过资金需求者 k 愿意支付的价格，否则资金需求者 k 就不会从互联网金融中介 i 处购买金融产品。约束条件式（4.72）表示如果资金需求者 k 会从传统金融中介 j 处购买金融产品，那么传统金融中介商的产品价格、交易费用加上信用惩罚不超过需求者 k 愿意支付的价格。约束条件式（4.73）表示如果资金需求者 k 愿意支付给金融产品的价格是正的，那么整个市场是供需平衡的，即需求市场上所提供产品和所需求的产品数量是一致的。

在均衡条件下，条件约束式（4.71）～式（4.73）适用于所有需求市场，并且能表达成如下的变分不等式：

$$\sum_{i=1}^{I}\sum_{k=1}^{K}\left[\rho_{ik}^{2*}+\hat{c}_{ik}^{2}(Q^{4*},Q^{5*},H^{4*},H^{5*})+\hat{g}_{ik}^{2}\left(q_{ik}^{2*},\eta_{ik}^{2*}\right)-\rho_{k}^{4*}\right]\times\left(q_{ik}^{2}-q_{ik}^{2*}\right)$$

$$+\sum_{j=1}^{J}\sum_{k=1}^{K}\left[\rho_{jk}^{3*}+\hat{c}_{jk}^{3}\left(Q^{4*},Q^{5*},H^{4*},H^{5*}\right)+\hat{g}_{jk}^{3}\left(q_{jk}^{3*},\eta_{jk}^{2*}\right)-\rho_{k}^{4*}\right]\times\left(q_{jk}^{3}-q_{jk}^{3*}\right) \quad（4.74）$$

$$+\sum_{k=1}^{K}\left[\sum_{i=1}^{I}q_{ik}^{2*}+\sum_{j=1}^{J}q_{jk}^{3*}-d_{k}(\rho^{4*})\right]\times\left(\rho_{k}^{4}-\rho_{k}^{4*}\right)\geqslant0 \quad \forall(Q^{4},Q^{5},\rho^{4})\in R_{+}^{IK+JK+K}$$

4.4　均衡条件分析

互联网金融超网络达到均衡状态，是指存在一组最优的 $\{q_{hi}^{1*},q_{hj}^{1*},q_{ij}^{2*},q_{ik}^{2*},q_{jk}^{3*},$ $\eta_{hi}^{1*},\eta_{hj}^{1*},\eta_{ij}^{2*},\eta_{ik}^{2*},\eta_{jk}^{3*},\gamma_{i}^{*},\gamma_{j}^{*},\rho_{k}^{4*}\}$ 满足变分不等式之和，即

$$\sum_{h=1}^{H}\sum_{i=1}^{I}\left[\alpha_{h}\frac{\partial r_{hi}^{1}\left(q_{hi}^{1*},\eta_{hi}^{1*}\right)}{\partial q_{hi}^{1}}+\frac{\partial c_{hi}^{1}\left(q_{hi}^{1*},\eta_{hi}^{1*}\right)}{\partial q_{hi}^{1}}+\frac{\partial g_{hi}^{1}\left(q_{hi}^{1*},\eta_{hi}^{1*}\right)}{\partial q_{hi}^{1}}+\alpha_{i}\frac{\partial \hat{r}_{hi}^{1}\left(q_{hi}^{1*},\eta_{hi}^{1*}\right)}{\partial q_{hi}^{1}}+\frac{\partial c_{i}\left(Q^{1*}\right)}{\partial q_{hi}^{1}}\right.$$

$$+\frac{\partial \hat{c}_{hi}^{1}\left(q_{hi}^{1*},\eta_{hi}^{1*}\right)}{\partial q_{hi}^{1}}+\frac{\partial \hat{g}_{hi}^{1}\left(q_{hi}^{1*},\eta_{hi}^{1*}\right)}{\partial q_{hi}^{1}}-\gamma_{i}^{*}\right]\times\left(q_{hi}^{1}-q_{hi}^{1*}\right)+\sum_{h=1}^{H}\sum_{j=1}^{J}\left[\alpha_{h}\frac{\partial r_{hj}^{1}\left(q_{hj}^{1*},\eta_{hj}^{1*}\right)}{\partial q_{hj}^{1}}\right.$$

$$+\frac{\partial c_{hj}^{1}\left(q_{hj}^{1*},\eta_{hj}^{1*}\right)}{\partial q_{hj}^{1}}+\frac{\partial g_{hj}^{1}\left(q_{hj}^{1*},\eta_{hj}^{1*}\right)}{\partial q_{hj}^{1}}+\alpha_{j}\frac{\partial \hat{r}_{hj}^{1}\left(q_{hj}^{1*},\eta_{hj}^{1*}\right)}{\partial q_{hj}^{1}}+\frac{\partial c_{j}\left(Q^{2*}\right)}{\partial q_{hj}^{1}}+\frac{\partial \hat{c}_{hj}^{1}\left(q_{hj}^{1*},\eta_{hj}^{1*}\right)}{\partial q_{hj}^{1}}$$

$$+\frac{\partial \hat{g}_{hj}^{1}\left(q_{hj}^{1*},\eta_{hj}^{1*}\right)}{\partial q_{hj}^{1}}-\gamma_{j}^{*}\right]\times\left(q_{hj}^{1}-q_{hj}^{1*}\right)+\sum_{i=1}^{I}\sum_{j=1}^{J}\left[\alpha_{i}\frac{\partial r_{ij}^{2}\left(q_{ij}^{2*},\eta_{ij}^{2*}\right)}{\partial q_{ij}^{2}}+\frac{\partial c_{ij}^{2}\left(q_{ij}^{2*},\eta_{ij}^{2*}\right)}{\partial q_{ij}^{2}}\right.$$

$$+\frac{\partial g_{ij}^{2}\left(q_{ij}^{2*},\eta_{ij}^{2*}\right)}{\partial q_{ij}^{2}}-\frac{\partial e_{ij}^{2}\left(q_{ij}^{2*}\right)}{\partial q_{ij}^{2}}+\gamma_{i}^{*}+\alpha_{j}\frac{\partial \hat{r}_{ij}^{2}\left(q_{ij}^{2*},\eta_{ij}^{2*}\right)}{\partial q_{ij}^{2}}+\frac{\partial c_{j}\left(Q^{3*}\right)}{\partial q_{ij}^{2}}+\frac{\partial \hat{c}_{ij}^{2}\left(q_{ij}^{2*},\eta_{ij}^{2*}\right)}{\partial q_{ij}^{2}}$$

$$+\frac{\partial \hat{g}_{ij}^{2}\left(q_{ij}^{2*},\eta_{ij}^{2*}\right)}{\partial q_{ij}^{2}}-\gamma_{j}^{*}\right]\times\left(q_{ij}^{2}-q_{ij}^{2*}\right)+\sum_{i=1}^{I}\sum_{k=1}^{K}\left[\alpha_{i}\frac{\partial r_{ik}^{2}\left(q_{ik}^{2*},\eta_{ik}^{2*}\right)}{\partial q_{ik}^{2}}+\frac{\partial c_{ik}^{2}\left(q_{ik}^{2*},\eta_{ik}^{2*}\right)}{\partial q_{ik}^{2}}\right.$$

$$+\frac{\partial g_{ik}^{2}\left(q_{ik}^{2*},\eta_{ik}^{2*}\right)}{\partial q_{ik}^{2}}-\frac{\partial e_{ik}^{2}\left(q_{ik}^{2*}\right)}{\partial q_{ik}^{2}}+\gamma_{i}^{*}+\hat{c}_{ik}^{2}(Q^{4*},Q^{5*},H^{4*},H^{5*})+\hat{g}_{ik}^{2}\left(q_{ik}^{2*},\eta_{ik}^{2*}\right)-\rho_{k}^{4*}\right]$$

$$\times\left(q_{ik}^{2}-q_{ik}^{2*}\right)+\sum_{j=1}^{J}\sum_{k=1}^{K}\left[\alpha_{j}\frac{\partial r_{jk}^{3}\left(q_{jk}^{3*},\eta_{jk}^{3*}\right)}{\partial q_{jk}^{3}}+\frac{\partial c_{jk}^{3}\left(q_{jk}^{3*},\eta_{jk}^{3*}\right)}{\partial q_{jk}^{3}}+\frac{\partial g_{jk}^{3}\left(q_{jk}^{3*},\eta_{jk}^{3*}\right)}{\partial q_{jk}^{3}}-\frac{\partial e_{jk}^{3}\left(q_{jk}^{3*}\right)}{\partial q_{jk}^{3}}\right.$$

$$\left. + \gamma_j^* + \hat{c}_{jk}^3 \left(Q^{4*}, Q^{5*}, H^{4*}, H^{5*}\right) + \hat{g}_{jk}^3 \left(q_{jk}^{3*}, \eta_{jk}^{3*}\right) - \rho_k^{4*} \right] \times \left(q_{jk}^3 - q_{jk}^{3*}\right)$$

$$+ \sum_{h=1}^{H} \sum_{i=1}^{I} \left[\alpha_h \frac{\partial r_{hi}^1 \left(q_{hi}^{1*}, \eta_{hi}^{1*}\right)}{\partial \eta_{hi}^1} + \frac{\partial f_{hi}^1 \left(\eta_{hi}^{1*}\right)}{\partial \eta_{hi}^1} + \frac{\partial c_{hi}^1 \left(q_{hi}^{1*}, \eta_{hi}^{1*}\right)}{\partial \eta_{hi}^1} + \frac{\partial g_{hi}^1 \left(q_{hi}^{1*}, \eta_{hi}^{1*}\right)}{\partial \eta_{hi}^1} - \beta_h \frac{\partial v_{hi}^1 \left(\eta_{hi}^{1*}\right)}{\partial \eta_{hi}^1} \right.$$

$$\left. + \alpha_i \frac{\partial \hat{r}_{hi}^1 \left(q_{hi}^{1*}, \eta_{hi}^{1*}\right)}{\partial \eta_{hi}^1} + \frac{\partial \hat{f}_{hi}^1 \left(\eta_{hi}^{1*}\right)}{\partial \eta_{hi}^1} + \frac{\partial \hat{c}_{hi}^1 \left(q_{hi}^{1*}, \eta_{hi}^{1*}\right)}{\partial \eta_{hi}^1} + \frac{\partial \hat{g}_{hi}^1 \left(q_{hi}^{1*}, \eta_{hi}^{1*}\right)}{\partial \eta_{hi}^1} - \beta_i \frac{\partial \hat{v}_{hi}^1 \left(\eta_{hi}^{1*}\right)}{\partial \eta_{hi}^1} \right] \times \left(\eta_{hi}^1 - \eta_{hi}^{1*}\right)$$

$$+ \sum_{h=1}^{H} \sum_{j=1}^{J} \left[\alpha_h \frac{\partial r_{hj}^1 \left(q_{hj}^{1*}, \eta_{hj}^{1*}\right)}{\partial \eta_{hj}^1} + \frac{\partial f_{hj}^1 \left(\eta_{hj}^{1*}\right)}{\partial \eta_{hj}^1} + \frac{\partial c_{hj}^1 \left(q_{hj}^{1*}, \eta_{hj}^{1*}\right)}{\partial \eta_{hj}^1} + \frac{\partial g_{hj}^1 \left(q_{hj}^{1*}, \eta_{hj}^{1*}\right)}{\partial \eta_{hj}^1} - \beta_h \frac{\partial v_{hj}^1 \left(\eta_{hj}^{1*}\right)}{\partial \eta_{hj}^1} \right.$$

$$\left. + \alpha_j \frac{\partial \hat{r}_{hj}^1 \left(q_{hj}^{1*}, \eta_{hj}^{1*}\right)}{\partial \eta_{hj}^1} + \frac{\partial \hat{f}_{hj}^1 \left(\eta_{hj}^{1*}\right)}{\partial \eta_{hj}^1} + \frac{\partial \hat{c}_{hj}^1 \left(q_{hj}^{1*}, \eta_{hj}^{1*}\right)}{\partial \eta_{hj}^1} + \frac{\partial \hat{g}_{hj}^1 \left(q_{hj}^{1*}, \eta_{hj}^{1*}\right)}{\partial \eta_{hj}^1} - \beta_j \frac{\partial \hat{v}_{hj}^1 \left(\eta_{hj}^{1*}\right)}{\partial \eta_{hj}^1} \right] \times \left(\eta_{hj}^1 - \eta_{hj}^{1*}\right)$$

$$+ \sum_{i=1}^{I} \sum_{j=1}^{J} \left[\alpha_i \frac{\partial r_{ij}^2 \left(q_{ij}^{2*}, \eta_{ij}^{2*}\right)}{\partial \eta_{ij}^2} + \frac{\partial f_{ij}^2 \left(\eta_{ij}^{2*}\right)}{\partial \eta_{ij}^2} + \frac{\partial c_{ij}^2 \left(q_{ij}^{2*}, \eta_{ij}^{2*}\right)}{\partial \eta_{ij}^2} + \frac{\partial g_{ij}^2 \left(q_{ij}^{2*}, \eta_{ij}^{2*}\right)}{\partial \eta_{ij}^2} - \beta_i \frac{\partial v_{ij}^2 \left(\eta_{ij}^{2*}\right)}{\partial \eta_{ij}^2} \right.$$

$$\left. + \alpha_j \frac{\partial \hat{r}_{ij}^2 \left(q_{ij}^{2*}, \eta_{ij}^{2*}\right)}{\partial \eta_{ij}^2} + \frac{\partial \hat{f}_{ij}^2 \left(\eta_{ij}^{2*}\right)}{\partial \eta_{ij}^2} + \frac{\partial \hat{c}_{ij}^2 \left(q_{ij}^{2*}, \eta_{ij}^{2*}\right)}{\partial \eta_{ij}^2} + \frac{\partial \hat{g}_{ij}^2 \left(q_{ij}^{2*}, \eta_{ij}^{2*}\right)}{\partial \eta_{ij}^2} - \beta_j \frac{\partial \hat{v}_{ij}^2 \left(\eta_{ij}^{2*}\right)}{\partial \eta_{ij}^2} \right] \times \left(\eta_{ij}^2 - \eta_{ij}^{2*}\right)$$

$$+ \sum_{i=1}^{I} \sum_{j=1}^{J} \left[\alpha_i \frac{\partial r_{ij}^2 \left(q_{ij}^{2*}, \eta_{ij}^{2*}\right)}{\partial \eta_{ij}^2} + \frac{\partial f_{ij}^2 \left(\eta_{ij}^{2*}\right)}{\partial \eta_{ij}^2} + \frac{\partial c_{ij}^2 \left(q_{ij}^{2*}, \eta_{ij}^{2*}\right)}{\partial \eta_{ij}^2} + \frac{\partial g_{ij}^2 \left(q_{ij}^{2*}, \eta_{ij}^{2*}\right)}{\partial \eta_{ij}^2} - \beta_i \frac{\partial v_{ij}^2 \left(\eta_{ij}^{2*}\right)}{\partial \eta_{ij}^2} \right.$$

$$\left. + \alpha_j \frac{\partial \hat{r}_{ij}^2 \left(q_{ij}^{2*}, \eta_{ij}^{2*}\right)}{\partial \eta_{ij}^2} + \frac{\partial \hat{f}_{ij}^2 \left(\eta_{ij}^{2*}\right)}{\partial \eta_{ij}^2} + \frac{\partial \hat{c}_{ij}^2 \left(q_{ij}^{2*}, \eta_{ij}^{2*}\right)}{\partial \eta_{ij}^2} + \frac{\partial \hat{g}_{ij}^2 \left(q_{ij}^{2*}, \eta_{ij}^{2*}\right)}{\partial \eta_{ij}^2} - \beta_j \frac{\partial \hat{v}_{ij}^2 \left(\eta_{ij}^{2*}\right)}{\partial \eta_{ij}^2} \right]$$

$$\times \left(\eta_{ij}^2 - \eta_{ij}^{2*}\right) + \sum_{i=1}^{I} \sum_{k=1}^{K} \left[\alpha_i \frac{\partial r_{ik}^2 \left(q_{ik}^{2*}, \eta_{ik}^{2*}\right)}{\partial \eta_{ik}^2} + \frac{\partial f_{ik}^2 \left(\eta_{ik}^{2*}\right)}{\partial \eta_{ik}^2} + \frac{\partial c_{ik}^2 \left(q_{ik}^{2*}, \eta_{ik}^{2*}\right)}{\partial \eta_{ik}^2} + \frac{\partial g_{ik}^2 \left(q_{ik}^{2*}, \eta_{ik}^{2*}\right)}{\partial \eta_{ik}^2} \right.$$

$$\left. - \beta_i \frac{\partial v_{ik}^2 \left(\eta_{ik}^{2*}\right)}{\partial \eta_{ik}^2} \right] \times \left(\eta_{ik}^2 - \eta_{ik}^{2*}\right) + \sum_{j=1}^{J} \sum_{k=1}^{K} \left[\alpha_j \frac{\partial r_{jk}^3 \left(q_{jk}^{3*}, \eta_{jk}^{3*}\right)}{\partial \eta_{jk}^3} + \frac{\partial f_{jk}^3 \left(\eta_{jk}^{3*}\right)}{\partial \eta_{jk}^3} + \frac{\partial c_{jk}^3 \left(q_{jk}^{3*}, \eta_{jk}^{3*}\right)}{\partial \eta_{jk}^3} \right.$$

$$\left. + \frac{\partial g_{jk}^3 \left(q_{jk}^{3*}, \eta_{jk}^{3*}\right)}{\partial \eta_{jk}^3} - \beta_j \frac{\partial v_{jk}^3 \left(\eta_{jk}^{3*}\right)}{\partial \eta_{jk}^3} \right] \times \left(\eta_{jk}^3 - \eta_{jk}^{3*}\right) + \sum_{i=1}^{I} \left(\sum_{h=1}^{H} q_{hi}^{1*} - \sum_{j=1}^{J} q_{ij}^{2*} - \sum_{k=1}^{K} q_{ik}^{2*} \right) \times \left(\gamma_i - \gamma_i^*\right)$$

$$+ \sum_{j=1}^{J} \left(\sum_{h=1}^{H} q_{hj}^{1*} + \sum_{i=1}^{I} q_{ij}^{2*} - \sum_{k=1}^{K} q_{jk}^{3*} \right) \left(\gamma_j - \gamma_j^*\right) + \sum_{k=1}^{K} \left(\sum_{i=1}^{I} q_{ik}^{2*} + \sum_{j=1}^{J} q_{jk}^{3*} - d_k\left(\rho^{4*}\right) \right) \times \left(\rho_k^4 - \rho_k^{4*}\right) \geqslant 0$$

$$\forall \left(Q^1, Q^2, Q^3, Q^4, Q^5, H^1, H^2, H^3, H^4, H^5, \rho^4\right) \in K$$

$$(4.75)$$

其中，

$$K \equiv \{(Q^1, Q^2, Q^3, Q^4, Q^5, H^1, H^2, H^3, H^4, H^5, \rho^3) \mid q_{hi}^1 \geq 0, q_{hj}^1 \geq 0, q_{ij}^2 \geq 0,$$

$$q_{ik}^2 \geq 0, q_{jk}^3 \geq 0, 0 \leq \eta_{hi}^1 \leq 1, 0 \leq \eta_{hj}^1 \leq 1, 0 \leq \eta_{ij}^2 \leq 1, 0 \leq \eta_{ik}^2 \leq 1, 0 \leq \eta_{jk}^3 \leq 1,$$

$$r_i \geq 0, r_j \geq 0, \rho_k^3 \geq 0, \forall h, i, j, k, \text{且满足式（4.1）、式（4.18）、式（4.42）}\}$$

均衡解的存在性条件为：假定存在正的常数 M, N, R，使得

$$\alpha_h \frac{\partial r_{hi}^1 \left(q_{hi}^{1*}, \eta_{hi}^{1*}\right)}{\partial q_{hi}^1} + \frac{\partial c_{hi}^1 \left(q_{hi}^{1*}, \eta_{hi}^{1*}\right)}{\partial q_{hi}^1} + \frac{\partial g_{hi}^1 \left(q_{hi}^{1*}, \eta_{hi}^{1*}\right)}{\partial q_{hi}^1} + \alpha_i \frac{\partial \hat{r}_{hi}^1 \left(q_{hi}^{1*}, \eta_{hi}^{1*}\right)}{\partial \eta_{hi}^1} + \frac{\partial c_i \left(Q^{1*}\right)}{\partial q_{hi}^1}$$

$$+ \frac{\partial \hat{c}_{hi}^1 \left(q_{hi}^{1*}, \eta_{hi}^{1*}\right)}{\partial q_{hi}^1} + \frac{\partial \hat{g}_{hi}^1 \left(q_{hi}^{1*}, \eta_{hi}^{1*}\right)}{\partial q_{hi}^1} - \gamma_i^* \geq M \quad \forall Q^1, q_{hi}^1 \geq N, \forall h, i$$

$$(4.76)$$

$$\alpha_h \frac{\partial r_{hj}^1 \left(q_{hj}^{1*}, \eta_{hj}^{1*}\right)}{\partial q_{hj}^1} + \frac{\partial c_{hj}^1 \left(q_{hj}^{1*}, \eta_{hj}^{1*}\right)}{\partial q_{hj}^1} + \frac{\partial g_{hj}^1 \left(q_{hj}^{1*}, \eta_{hj}^{1*}\right)}{\partial q_{hj}^1} + \alpha_j \frac{\partial \hat{r}_{hj}^1 \left(q_{hj}^{1*}, \eta_{hj}^{1*}\right)}{\partial q_{hj}^1} + \frac{\partial c_j \left(Q^{2*}\right)}{\partial q_{hj}^1}$$

$$+ \frac{\partial \hat{c}_{hj}^1 \left(q_{hj}^{1*}, \eta_{hj}^{1*}\right)}{\partial q_{hj}^1} + \frac{\partial \hat{g}_{hj}^1 \left(q_{hj}^{1*}, \eta_{hj}^{1*}\right)}{\partial q_{hj}^1} \geq M \quad \forall Q^2, q_{hj}^1 \geq N, \forall h, j$$

$$(4.77)$$

$$\alpha_i \frac{\partial r_{ij}^2 \left(q_{ij}^{2*}, \eta_{ij}^{2*}\right)}{\partial q_{ij}^2} + \frac{\partial c_{ij}^2 \left(q_{ij}^{2*}, \eta_{ij}^{2*}\right)}{\partial q_{ij}^2} + \frac{\partial g_{ij}^2 \left(q_{ij}^{2*}, \eta_{ij}^{2*}\right)}{\partial q_{ij}^2} - \frac{\partial e_{ij}^2 \left(q_{ij}^{2*}\right)}{\partial q_{ij}^2} + \alpha_j \frac{\partial \hat{r}_{ij}^2 \left(q_{ij}^{2*}, \eta_{ij}^{2*}\right)}{\partial q_{ij}^2}$$

$$+ \frac{\partial c_j \left(Q^{3*}\right)}{\partial q_{ij}^2} + \frac{\partial \hat{c}_{ij}^2 \left(q_{ij}^{2*}, \eta_{ij}^{2*}\right)}{\partial q_{ij}^2} + \frac{\partial \hat{g}_{ij}^2 \left(q_{ij}^{2*}, \eta_{ij}^{2*}\right)}{\partial q_{ij}^2} \geq M \quad \forall Q^3, q_{ij}^2 \geq N, \forall i, j$$

$$(4.78)$$

$$w_{2i}^2 \left(r^i \left(q_i^*\right)\right) \frac{\partial r^i \left(q_i^*\right)}{\partial q_{ik}^2} + \frac{\partial w_{2i}^2 \left(r^i \left(q_i^*\right)\right)}{\partial q_{ik}^2} r^i \left(q_i^*\right) + \frac{\partial c_{ik}^2 \left(q_{ik}^{2*}\right)}{\partial q_{ik}^2} + \frac{\partial g_{ik}^2 \left(q_{ik}^{2*}\right)}{\partial q_{ik}^2} - \frac{\partial e_{ik}^2 \left(q_{ik}^{2*}\right)}{\partial q_{ik}^2}$$

$$+ \hat{c}_{ik}^2 \left(Q^{4*}, Q^{5*}\right) + \hat{g}_{ik}^2 \left(q_{ik}^{2*}, \eta_{ik}^{2*}\right) \geq M \quad \forall Q^4, q_{ik}^2 \geq N, \forall i, k$$

$$(4.79)$$

$$\alpha_j \frac{\partial r_{jk}^3 \left(q_{jk}^{3*}, \eta_{jk}^{3*}\right)}{\partial q_{jk}^3} + \frac{\partial c_{jk}^3 \left(q_{jk}^{3*}, \eta_{jk}^{3*}\right)}{\partial q_{jk}^3} + \frac{\partial g_{jk}^3 \left(q_{jk}^{3*}, \eta_{jk}^{3*}\right)}{\partial q_{jk}^3} - \frac{\partial e_{jk}^3 \left(q_{jk}^{3*}\right)}{\partial q_{jk}^3} \quad (4.80)$$

$$+ \hat{c}_{jk}^3 \left(Q^{4*}, Q^{5*}, H^{4*}, H^{5*}\right) + \hat{g}_{jk}^3 \left(q_{jk}^{3*}, \eta_{jk}^{3*}\right) \geq M \quad \forall Q^5, q_{jk}^3 \geq N, \forall j, k$$

$$d_k \left(\rho^{4*}\right) \leq M \quad \forall \rho_k^4 > R, \forall k \quad (4.81)$$

那么，变分不等式的解是存在的。

均衡解的唯一性条件为：假定式（4.17）、式（4.41）、式（4.65）、式（4.74）中的向量函数 F 关于 $(Q^1,Q^2,Q^3,Q^4,Q^5,H^1,H^2,H^3,H^4,H^5,\rho^4)$ 是严格单调的，那么一定存在一个唯一的金融流 $(Q^{1*},Q^{2*},Q^{3*},Q^{4*},Q^{5*})$、一个唯一的关系水平 (H^1,H^2,H^3,H^4,H^5) 和唯一的需求价格向量 ρ^{4*}，满足互联网金融网络的均衡条件。

4.5　考虑社交关系和互联网金融的金融系统超网络仿真分析

4.5.1　考虑社交关系的超网络仿真模型

为验证上述考虑关系水平的互联网金融超网络模型的有效性，我们建立一个由两个资金拥有者、两个互联网金融中介、两个传统金融中介和三个资金需求者组成的考虑关系水平的互联网金融超网络仿真模型，结构如图 4.2 所示。

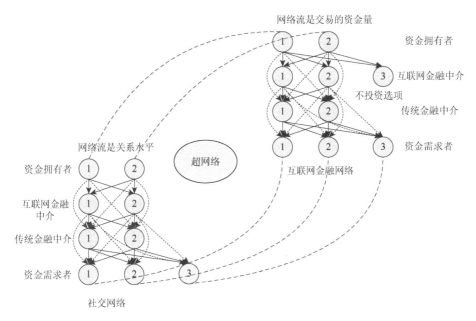

图 4.2　仿真算例的考虑关系水平的互联网金融超网络结构图

4.5.2　仿真模型参数设置

对每一个资金拥有者和互联网金融中介 i 以及传统金融中介 j 进行设置，其他函数设置见表 4.2。

表 4.2　仿真算例中的相关函数设置

说明	具体设置
资金拥有者的资金拥有量	$S_1 = 32 \quad S_2 = 32$
资金拥有者与互联网金融中介的关系费用函数	$f_{hi}^1\left(\eta_{hi}^1\right) = 2\eta_{hi}^1$ $\hat{f}_{hi}^1\left(\eta_{hi}^1\right) = 0$
资金拥有者与传统金融中介的关系费用函数	$f_{hj}^1\left(\eta_{hj}^1\right) = 2\eta_{hj}^1$ $\hat{f}_{hj}^1\left(\eta_{hj}^1\right) = 0$
互联网金融中介与传统金融中介的关系费用函数	$f_{ij}^2\left(\eta_{ij}^2\right) = 2\eta_{ij}^2$ $\hat{f}_{ij}^2\left(\eta_{ij}^2\right) = 0$
互联网金融中介与资金需求者的关系费用函数	$f_{ik}^2\left(\eta_{ik}^2\right) = 2\eta_{ik}^2$
传统金融中介与资金需求者的关系费用函数	$f_{jk}^3\left(\eta_{jk}^3\right) = \eta_{jk}^3$
资金拥有者与互联网金融中介的关系水平函数	$v_{hi}^1\left(\eta_{hi}^1\right) = \eta_{hi}^1$ $\hat{v}_{hi}^1\left(\eta_{hi}^1\right) = 0$
资金拥有者与传统金融中介的关系水平函数	$v_{hj}^1\left(\eta_{hj}^1\right) = \eta_{hj}^1$ $\hat{v}_{hj}^1\left(\eta_{hj}^1\right) = 0$
互联网金融中介与传统金融中介的关系水平函数	$v_{ij}^2\left(\eta_{ij}^2\right) = \eta_{ij}^2$ $\hat{v}_{ij}^2\left(\eta_{ij}^2\right) = 0$
互联网金融中介与资金需求者的关系水平函数	$v_{ik}^2\left(\eta_{ik}^2\right) = \eta_{ik}^2$
传统金融中介与资金需求者的关系水平函数	$v_{jk}^3\left(\eta_{jk}^3\right) = \eta_{jk}^3$
资金拥有者与互联网金融中介的交易费用函数	$c_{hi}^1\left(q_{hi}^1,\eta_{hi}^1\right) = 0.3\left(q_{hi}^1\right)^2 + 2q_{hi}^1 - \eta_{hi}^1$ $\hat{c}_{hi}^1\left(q_{hi}^1,\eta_{hi}^1\right) = 0.8\left(q_{hi}^1\right)^2 + q_{hi}^1$
资金拥有者与传统金融中介的交易费用函数	$c_{hj}^1\left(q_{hj}^1,\eta_{hj}^1\right) = 0.8\left(q_{hj}^1\right)^2 + 3.5q_{hj}^1 - \eta_{hj}^1$ $\hat{c}_{hj}^1\left(q_{hj}^1,\eta_{hj}^1\right) = \left(q_{hj}^1\right)^2 + 3q_{hj}^1$
互联网金融中介与传统金融中介的交易费用函数	$c_{ij}^2\left(q_{ij}^2,\eta_{ij}^2\right) = 0.5\left(q_{ij}^2\right)^2 + 2q_{ij}^2 - \eta_{ij}^2$ $\hat{c}_{ij}^2\left(q_{ij}^2,\eta_{ij}^2\right) = 0.8\left(q_{ij}^2\right)^2 + 1.5q_{ij}^2$
互联网金融中介与资金需求者的交易费用函数	$c_{ik}^2\left(q_{ik}^2,\eta_{ik}^2\right) = 0$ $\hat{c}_{ik}^2(Q^4,Q^5,H^4,H^5) = 2q_{ik}^2 + 5 - \eta_{ik}^2$
传统金融中介与资金需求者的交易费用函数	$c_{jk}^3\left(q_{jk}^3,\eta_{jk}^3\right) = 0$ $\hat{c}_{jk}^3(Q^4,Q^5,H^4,H^5) = 2.5q_{jk}^3 + 2 - \eta_{jk}^3$

续表

说明	具体设置
互联网金融中介和传统金融中介的转化费用函数	$c_i(Q^1) = 0.5\left(\sum\limits_{h=1}^{2} q_{hi}^1\right)^2$ $c_j(Q^2) = 0.6\left(\sum\limits_{h=1}^{2} q_{hj}^1\right)^2$ $c_j(Q^3) = 0.6\left(\sum\limits_{i=1}^{2} q_{ij}^2\right)^2$
互联网金融中介的操作技巧系数和技术风险系数	$a_1^2 = 2 \qquad b_1^2 = 0.8$ $a_2^2 = 1.8 \qquad b_2^2 = 0.6$
传统金融中介的操作技巧系数和技术风险系数	$a_1^3 = 1.7 \qquad b_1^3 = 0.5$ $a_2^3 = 1.6 \qquad b_2^3 = 0.3$
互联网金融中介与传统金融中介的操作风险函数	$e_{1j}^2\left(q_{1j}^2\right) = 2\left(q_{1j}^2\right)^2 - 0.8 q_{1j}^2$ $e_{2j}^2\left(q_{2j}^2\right) = 1.8\left(q_{2j}^2\right)^2 - 0.6 q_{2j}^2$
互联网金融中介与资金需求者的操作风险函数	$e_{1k}^2\left(q_{1k}^2\right) = 2\left(q_{1k}^2\right)^2 - 0.8 q_{1k}^2$ $e_{2k}^2\left(q_{2k}^2\right) = 1.8\left(q_{2k}^2\right)^2 - 0.6 q_{2k}^2$
传统金融中介与资金需求者的操作风险函数	$e_{1k}^3\left(q_{1k}^3\right) = 1.7\left(q_{1k}^3\right)^2 - 0.5 q_{1k}^3$ $e_{2k}^3\left(q_{2k}^3\right) = 1.6\left(q_{2k}^3\right)^2 - 0.3 q_{2k}^3$
资金拥有者与互联网金融中介的信用惩罚函数	$g_{hi}^1\left(q_{hi}^1, \eta_{hi}^1\right) = \left(\sum\limits_{i=1}^{2} q_{hi}^1\right)^2$ $\hat{g}_{hi}^1\left(q_{hi}^1, \eta_{hi}^1\right) = 0.8\left(\sum\limits_{h=1}^{2} q_{hi}^1\right)^2$
资金拥有者与传统金融中介的信用惩罚函数	$g_{hj}^1\left(q_{hj}^1, \eta_{hj}^1\right) = \left(\sum\limits_{j=1}^{2} q_{hj}^1\right)^2$ $\hat{g}_{hj}^1\left(q_{hj}^1, \eta_{hj}^1\right) = 0.5\left(\sum\limits_{h=1}^{2} q_{hj}^1\right)^2$
互联网金融中介与传统金融中介的信用惩罚函数	$g_{ij}^2\left(q_{ij}^2, \eta_{ij}^2\right) = 0.8\left(\sum\limits_{j=1}^{2} q_{ij}^2\right)^2$ $\hat{g}_{ij}^2\left(q_{ij}^2, \eta_{ij}^2\right) = 0.5\left(\sum\limits_{i=1}^{2} q_{ij}^2\right)^2$
互联网金融中介与资金需求者的信用惩罚函数	$g_{ik}^2\left(q_{ik}^2, \eta_{ik}^2\right) = 0.8\left(\sum\limits_{k=1}^{3} q_{ik}^2\right)^2$ $\hat{g}_{ik}^2\left(q_{ik}^2, \eta_{ik}^2\right) = \left(\sum\limits_{i=1}^{2} q_{ik}^2\right)^2$

续表

说明	具体设置
传统金融中介与资金需求者的信用惩罚函数	$g_{jk}^3\left(q_{jk}^3,\eta_{jk}^3\right)=0.5\left(\sum_{k=1}^{3}q_{jk}^3\right)^2$ $\hat{g}_{jk}^3\left(q_{jk}^3,\eta_{jk}^3\right)=\left(\sum_{j=1}^{2}q_{jk}^3\right)^2$
资金需求者的需求函数	$d_1\left(\rho^4\right)=-2\rho_1^4-0.2\rho_2^4-0.3\rho_3^4+1200$ $d_2\left(\rho^4\right)=-0.2\rho_1^4-2\rho_2^4-0.3\rho_3^4+1200$ $d_3\left(\rho^4\right)=-0.2\rho_1^4-0.3\rho_2^4-2\rho_3^4+1200$
资金拥有者的风险权重和关系权重	$\alpha_h=\beta_h=1$
互联网金融中介的风险权重和关系权重	$\alpha_i=\beta_i=1$
传统金融中介的风险权重和关系权重	$\alpha_j=\beta_j=1$

设置 $\alpha=0.02$；V^i,V^j 均为单位矩阵，其中的权重均设为 1；各决策者之间的关系水平设为 1；其余的变量和函数都设为 0。收敛性判定准则是各层之间的资金流量和价格在逐次迭代过程中的差异小于 $\varepsilon=10^{-4}$。

4.5.3　仿真结果分析

将仿真算例中所设的函数具体表达式代入变分不等式中，使用 MATLAB 2012b 实现投影动态系统算法，经过 2500 次迭代，收敛效果如图 4.3 所示，其良好的收敛效果验证了模型的有效性。

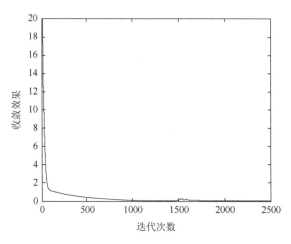

图 4.3　仿真算例的收敛效果图

考虑关系水平的互联网金融超网络的最优均衡解为

$$Q^{1*}: q_{11}^{1*}=11.47 \quad q_{12}^{1*}=11.45 \quad q_{21}^{1*}=11.47 \quad q_{22}^{1*}=11.45$$

$$Q^{2*}: q_{11}^{1*}=4.44 \quad q_{12}^{1*}=4.64 \quad q_{21}^{1*}=4.44 \quad q_{22}^{1*}=4.64$$

$$Q^{3*}: q_{11}^{2*}=11.39 \quad q_{12}^{2*}=0 \quad q_{21}^{2*}=0 \quad q_{22}^{2*}=10.49$$

$$Q^{4*}: q_{11}^{2*}=3.31 \quad q_{12}^{2*}=0 \quad q_{13}^{2*}=8.24 \quad q_{21}^{2*}=4.31 \quad q_{22}^{2*}=8.10 \quad q_{23}^{2*}=0$$

$$Q^{5*}: q_{11}^{3*}=13.50 \quad q_{12}^{3*}=0 \quad q_{13}^{3*}=6.77 \quad q_{21}^{3*}=0 \quad q_{22}^{3*}=13.41 \quad q_{23}^{3*}=6.36$$

互联网金融中介的资金全部投资出去时的清仓价格为

$$\gamma_1^*=294.08 \quad \gamma_2^*=293.64$$

传统金融中介的资金全部投资出去时的清仓价格为

$$\gamma_1^*=206.09 \quad \gamma_2^*=205.65$$

资金需求者的需求价格为

$$\rho_1^{4*}=471.40 \quad \rho_2^{4*}=471.30 \quad \rho_3^{4*}=471.38$$

在这个例子中,

$$Q^{1*}=45.84 \quad Q^{2*}=18.16 \quad Q^{3*}=21.88 \quad Q^{4*}=23.96 \quad Q^{5*}=40.04$$

$$Q^{1*}=45.84 \quad Q^{3*}+Q^{4*}=45.84 \quad Q^{1*}=Q^{3*}+Q^{4*}$$

$$Q^{5*}=40.04 \quad Q^{2*}+Q^{3*}=40.04 \quad Q^{5*}=Q^{2*}+Q^{3*}$$

$$Q^{1*}+Q^{2*}=Q^{4*}+Q^{5*}=S_1+S_2=64$$

这时的 $S_1^*=S_2^*=0$,没有资金流向不投资选项,这意味着对资金拥有者而言,最好的决策就是将资金全部投资出去。

由 $Q^{1*}=45.84$, $Q^{2*}=18.16$ 可以看出,在互联网金融环境下,资金拥有者更多地投资于互联网金融中介而非传统金融中介,这对传统金融中介提出了更高的要求。

第 3 章中不考虑关系水平的互联网金融超网络的最优均衡解为

$$Q^{1*}: q_{11}^{1*}=11.47 \quad q_{12}^{1*}=11.45 \quad q_{21}^{1*}=11.47 \quad q_{22}^{1*}=11.45$$

$$Q^{2*}: q_{11}^{1*}=4.44 \quad q_{12}^{1*}=4.64 \quad q_{21}^{1*}=4.44 \quad q_{22}^{1*}=4.64$$

$$Q^{3*}: q_{11}^{2*}=11.37 \quad q_{12}^{2*}=0 \quad q_{21}^{2*}=0 \quad q_{22}^{2*}=10.47$$

$$Q^{4*}: q_{11}^{2*}=8.24 \quad q_{12}^{2*}=3.34 \quad q_{13}^{2*}=0 \quad q_{21}^{2*}=0 \quad q_{22}^{2*}=4.32 \quad q_{23}^{2*}=8.11$$

$$Q^{5*}: q_{11}^{3*}=0 \quad q_{12}^{3*}=6.77 \quad q_{13}^{3*}=13.48 \quad q_{21}^{3*}=13.39 \quad q_{22}^{3*}=6.35 \quad q_{23}^{3*}=0$$

$$Q^{1*}=45.84 \quad Q^{2*}=18.16 \quad Q^{3*}=21.83 \quad Q^{4*}=24.01 \quad Q^{5*}=39.99$$

对比考虑关系水平的互联网金融超网络的最优均衡解可以看出,Q^{1*} 和 Q^{2*} 没有变化,即资金拥有者的投资决策不会因为关系水平而改变;而 Q^{3*}、Q^{4*} 和 Q^{5*} 都有变化,说明关系水平对互联网金融中介和传统金融中介的投资决策产生了影响。其中,考虑了关系水平后 Q^{3*} 和 Q^{5*} 上升,Q^{4*} 下降,即互联网金融中介对资金需求市场的直接投资下降，而互联网金融中介通过传统金融中介对资金需求市场的间接投资上升，说明传统金融中介可以通过维护与互联网金融中介以及资金需求者的关系，加大互联网金融中介通过传统金融中介而投资给资金需求者的资金量，更能促进传统金融中介蓬勃发展。

4.6　研　究　结　论

本章在上一章研究的基础上，做了两方面改进：引入关系水平来表示社交网络中的网络流，社交关系包括商业合作关系、私人关系等；构建关系费用函数来描述各个决策者为了达到并维护一定关系而付出的成本，并构建关系水平函数描述各个决策者之间的关系水平。互联网的发展大大拓展了传统社交网络的范围，而社交网络的存在将会影响各个决策者的行为。以往的商业合作关系、可能的私人关系等，建立和维持虽然需要付出一定的金钱和时间，但是可以降低交易成本和交易风险，更有利于交易的达成。

对资金拥有者而言，空闲资金意味着浪费，最好的决策方案仍然是将资金全部投资出去。在金融中介的选择方面，考虑到关系水平的存在，与传统金融中介以往良好的合作关系会增加信任度，降低交易成本和风险，使得资金拥有者愿意接受稍低的投资回报率，更多地投资于传统金融中介。

对互联网金融中介而言，其不仅面临着更显著的操作风险和信用风险，更面临着新进入金融领域，缺乏以往的商业合作关系以及私人关系，还面临着以往存在的社交网络带来的负面影响。首先，需要增强风险意识，加强对风险的识别、评估和应对；其次，需要付出额外的成本，积极建立和维护与其他决策者的关系，保持一定的关系水平，促进交易的达成。

对传统金融中介而言，以往建立和维持的关系水平会对自身的发展十分有利，但是也不能忽视资金拥有者更高的投资回报要求以及互联网金融中介的巨大挑战，需要居安思危，在维护自身优势的同时，突破传统思维，勇于创新，积极向互联网金融中介转型。

对政府和整个市场而言，互联网的发展加剧了金融网络的复杂性，使得网络中的各个决策者面临更高的系统风险，政府需要加强监管，尽快出台征信管理体系，为互联网金融未来的发展之路奠定基石。目前，整个市场高度活跃，处在一个高速发展期，需要市场无形的手和政府有形的手相结合，共同促进互联网金融行业的健康快速发展。

第5章 互联网金融风险传染复杂外生网络模型研究

本章从预期渠道角度出发，结合复杂网络理论构建互联网金融网络，进一步基于传染病模型研究由预期变化导致的互联网金融风险传染问题。通过对不同免疫策略的仿真实验，提出适合我国互联网金融发展的风险传染防范与免疫措施建议。

5.1 典型传染病模型

网络科学理论的一个重要研究方向是具有实际含义的网络中的传播动力学问题，比如自然网络、社会网络等复杂网络的传播机制，并进而研究传播的控制问题。传染病模型与复杂网络结合是一种思路。

传染病模型最具代表性的是 SI 模型、SIS 模型和 SIR 模型[①]。一般来说，个体在上述三个模型中具有以下几种状态。

易感染状态 S（susceptible）。在此状态下，个体尚处于健康状态，还未被感染，但是有一定的概率被感染。

潜伏期状态 E（exposed）。在此状态下，个体感染了病毒，但处于症状出现之前的状态。

已感染状态 I（infected）。处于该状态的个体已经被感染，并且其余未被感染的个体会有一定概率被其感染。

免疫状态 R（recovered/removed）。这时个体不再具备传染其他个体的能力，也不再具备被传染的能力。根据研究问题的需求，可以在网络中仍然保留这类免疫个体，也可以将这类免疫状态的个体移除出网络。

5.1.1 SI 模型

SI 模型是传染病模型中较为经典且基础的模型。在 SI 模型中，个体状态要么呈现易感染状态，要么就是已感染状态，处于易感染状态的个体有被传染的可能，

---

① 崔玉美, 陈姗姗, 傅新楚. 几类传染病模型中基本再生数的计算[J]. 复杂系统与复杂性科学, 2017, 14（4）: 14-31.

而已感染的个体具备传染能力，能够使易感染个体转变为已感染个体。由于 SI 模型中的易感染节点一经感染将一直处于感染状态，所以通常在生物学领域，该模型被用于研究无法治愈的疾病。

在 t 时刻，处于易感染状态的个体比例为 $s(t)$，而处于已感染状态的个体比例为 $i(t)$，λ 则表示处于易感染状态的个体被感染为已感染状态的概率，由此可得 SI 模型的微分方程表示形式

$$\begin{cases} \dfrac{\mathrm{d}s(t)}{\mathrm{d}t} = -s(t)i(t) \\ \dfrac{\mathrm{d}i(t)}{\mathrm{d}t} = s(t)i(t) \end{cases} \tag{5.1}$$

SI 模型的最终结果是网络中所有个体都被感染为 I 类个体。

5.1.2 SIS 模型

与 SI 模型相同的是，在 SIS 模型中，个体的状态也是有易感染和已感染两种。但是在 SIS 模型中，参考传染病的现实状况，假设处于已感染状态的个体不会一直保持传染状态，可以发生状态转变，比如有可能被治愈从而转变为易感染状态。因此该模型适合用来构建治愈后仍可能被感染的疾病的传播模型，比如研究肺结核、淋病等疾病的传播。

假设在单位时间内，易感染个体被感染为已感染个体的概率为 α，即感染率，已感染个体被治愈为易感染个体的概率为 β，即治愈率，个体比例的表示形式同 5.1.1 节。因此，SIS 模型微分方程表示形式如下：

$$\begin{cases} \dfrac{\mathrm{d}s(t)}{\mathrm{d}t} = -\alpha s(t)i(t) + \beta i(t) \\ \dfrac{\mathrm{d}i(t)}{\mathrm{d}t} = \alpha s(t)i(t) - \beta i(t) \end{cases} \tag{5.2}$$

设 $p(k_i)$ 表示随机选一个节点的度恰好是 k_i 的概率，由此，网络的平均度 $\langle k \rangle = \sum_{i=1}^{n} k_i p(k_i)$。用 $s_k(t)$，$i_k(t)$ 分别表示度为 k 的两类人群在 t 时刻的密度，易感染人群有 α 的可能性被传染从而变为感染人群，而感染人群有 β 的可能性康复，重新转变为易感染人群，此时方程表示为

$$\begin{cases} \dfrac{\mathrm{d}s_k(t)}{\mathrm{d}t} = -\alpha k s_k(t)\theta(t) + \beta i_k(t) \\ \dfrac{\mathrm{d}i_k(t)}{\mathrm{d}t} = \alpha k s_k(t)\theta(t) - \beta i_k(t) \end{cases} \tag{5.3}$$

其中，$\theta(t)$ 表示在 t 时刻随机取一条边与感染节点相连的概率，且 $s_k(t)+i_k(t)=1$。

5.1.3　SIR 模型

在 SIR 模型中，网络中的节点除了具有与 SI 模型、SIS 模型相同的易感染状态和已感染状态，还存在一种新的状态，即免疫状态，用 R 表示。处于免疫状态的个体不再具备传染性，并且不会受其余感染个体的传染，这类个体在被治愈后获得了免疫能力。在疾病传播的研究中，针对那些治愈后对病毒产生免疫力的疾病，通常使用 SIR 模型来研究。感染率、治愈率与 SIS 模型设定相同，$r(t)$ 用于表示在 t 时刻处于免疫状态的个体密度。SIR 模型可用微分方程表示为

$$\begin{cases} \dfrac{ds(t)}{dt}=-\alpha s(t)i(t) \\[2mm] \dfrac{di(t)}{dt}=\alpha s(t)i(t)-\beta i(t) \\[2mm] \dfrac{dr(t)}{dt}=\beta i(t) \end{cases} \qquad (5.4)$$

上面介绍的三种传染病模型只适用于部分现实情况，且不限于传染病研究领域，金融风险的传播也可以用传染病模型进行研究[1][2]。根据不同事件的不同传播特点，学者们研究出更贴合实际情况的传播模型。

SIRS 模型适用于有易感者、感染者和恢复者三类人群，恢复者只有暂时性的免疫力，然后变为易感者，有可能再次被感染而患病。该模型适用于那些无法获得永久免疫力的疾病。

SEIR 模型通过微分方程描述四类人群随时间的变化，包括易感者的减少、潜伏者的增加、感染者的增加和恢复者的增加，以及潜伏者向感染者的转变等。SEIR 模型比 SIR 模型更细致，能更准确地描述疾病的传播过程。适用于研究各种传染病，如 SARS 等，已在疫情研判和控制中发挥了重要作用。

SEIS 模型包含以下四类人群：易感者、潜伏者、感染者、无症状的易感者。无症状的易感者指个体感染病毒后，可能不会表现出症状，但仍然具有传染性，可以继续传播病毒给其他人。这个模型通常用于描述和预测某些传染病（如流感、新冠疫情等）的传播趋势和控制策略。

---

① 胡志浩，李晓花. 复杂金融网络中的风险传染与救助策略：基于中国金融无标度网络上的 SIRS 模型[J]. 财贸经济，2017，38（4）：101-114.

② 姚林华. 基于动物传染病模型的我国银行间风险传染效应研究[J]. 当代金融研究，2018，（5）：95-105.

5.2　考虑预期渠道的互联网金融复杂网络的构建

5.2.1　互联网金融风险传染渠道分析

目前金融网络模型的构建方法主要有两种：一是根据金融机构间的实际业务联系，如银行同业间的拆借数据，或是实际支付系统中的交易数据来构建金融网络；二是根据证券市场提供的信息来构建金融网络，如基于股票价格、日收益率等数据。但是互联网金融不同于传统金融市场，平台间相互独立，不存在资产关联、债务关系等；互联网金融发展时间较短，反映市场发展和交易的数据较少，没有足够的证券市场信息以供分析研究。上述状况使得传统金融网络构建方法难以适用于互联网金融风险网络模型构建。本节通过分析互联网金融的风险传染过程，建立互联网金融风险复杂网络模型[①]。

网络借贷平台的风险传染渠道可以分成直接传染和间接传染。直接传染是指网络借贷平台之间具有直接的业务联系，或是通过担保公司、融资公司等产生的联系，以此间接业务联系作为风险传染的渠道。直接传染的方式较为直观，只要通过判断业务联系就能得知平台自身受到的来自其他网络借贷平台的冲击影响。①担保公司的联系，监管机构已经明令禁止网络借贷平台充当担保人，所以网络借贷平台只能在有限的担保公司中进行选择，这就会导致一家担保公司通常为多个网络借贷平台进行担保。如果某一担保公司出现流动性风险，会使得与之相关联的所有网络借贷平台遭受冲击，进而那些与受冲击平台相连的平台也会受到影响。②融资公司的联系，网络借贷平台会通过融资手段来提升自身的背景实力。一家网贷平台会同时获得来自多家企业的资金，而一家企业通常也会投资多个网贷平台。如此错综复杂的投融资关系使得网贷平台之间相互联系。

间接传染渠道主要是指风险通过投资者心理预期路径传染。

目前我国的互联网金融旨在服务那些不被传统金融所覆盖的尾部市场，面对的投资者和借款者的金融知识匮乏、风险意识淡薄且风险承受能力较低，交易者大多是金融服务体系中的长尾人群，这类人群在遇到风险事件时容易采取非理性行为，心理过分恐慌。如果投资者所投的互联网金融平台发生了风险，或是有负面消息的流出，长尾人群不会考证消息的真实性，而是集体产生恐慌情绪，并大肆扩散该消极情绪，这就会导致风险的传播。所以说，互联网金融的风险传染不单单是通过直接的资产关联、业务关联发生，也可以基于信息、预期等间接关系进行传染。

上述恐慌情绪的传播过程反映了风险在预期渠道上的传染。在信息不对称的

---

① 钱媛媛. 基于复杂网络的互联网金融风险传染研究[D]. 南京：南京航空航天大学，2020.

情况下，投资人降低市场预期从而风险通过预期渠道传播，进而金融系统的运转受到影响。互联网金融平台与交易者之间存在信息不对称，交易者无法获悉全面的市场信息，所以当一家金融平台发生风险暴露的情况，那些与其没有直接业务关联关系的平台也会受到影响，会受到交易者的消极对待，投资人的预期呈现负面倾向、整体市场信心不足会对平台产生严重的不良影响。陶玲认为系统风险的传导通过直接或间接的业务关联，直接指金融机构通过银行间交易、衍生品市场交易和支付系统产生的债权关系，间接意味着金融机构具有相同性质的业务或资产组合，即具有共同的风险敞口[①]。在互联网金融中表现为以下情况，投资者会在心里主观地将互联网金融平台进行分类，通常那些所在地区一致、经营模式类似、业务类型相似的平台会被视为同一类型。可想而知，若是某一类型中的某一平台暴露了风险，再加上信息披露不透明，投资者出于对风险的厌恶会认为该类型的互联网金融平台都有爆发风险的可能，从而产生不理性行为，比如集中取现，那么那些流动性水平较差、资金链较为紧张的弱势平台势必会受到挤兑风险的影响。另外互联网金融行业的业务链条相比于传统金融行业较长，业务链中的任意一个节点出现风险暴露，都有可能造成上述的不理性行为，最终甚至可能引发整个互联网金融市场的系统风险的爆发。

5.2.2　样本选取与数据来源

考虑到互联网金融作为新兴市场，平台内部数据披露不足，而网络借贷作为互联网金融中最具代表性的模式，种种迹象表明互联网金融市场的风险很大程度上来源于网络借贷行业的不稳定，因此本章主要针对网络借贷行业进行实证研究。通过编写 Python 程序，从网贷之家爬取 2019 年运营中的网贷平台信息，结合本章研究需要，主要抓取平台所在地域、利率水平、主要业务类型数据，构建网络。网贷平台信息见表 5.1，包括个人信贷、企业信贷等 10 种业务类型的1052 个平台；从贷款利率角度，大部分在 8%～12%（表 5.2）；从网贷平台地域分布来看（图 5.1），主要分布在北京、上海、广东、浙江等经济金融发展较好、互联网发展基础较好的区域。

表 5.1　2019 年网贷平台业务类型分布表

业务类型	平台个数
个人信贷	323
企业信贷	230

---

① 陶玲. 系统性金融风险的传导[J]. 中国金融，2016，（13）：19-21.

续表

业务类型	平台个数
车贷	405
房贷	315
供应链金融	263
融资租赁	34
票据	43
艺术品质押	12
农村金融	52
消费金融	117

表 5.2　2019 年网贷平台利率分布表

利率	平台个数	百分比
≤8%	109	10.4%
8%～10%	376	35.7%
10%～12%	379	36.1%
12%～16%	162	15.4%
>16%	26	2.4%

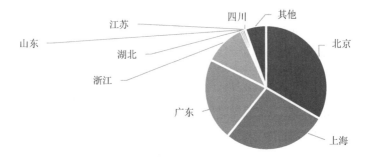

图 5.1　网贷平台地域分布图

5.2.3　考虑预期渠道的互联网金融网络构建

在互联网金融网络中，以网络借贷平台为节点，将平台之间的隐性关系作为边，某一平台产生的风险沿着节点之间的边向其他平台进行传播。根据上文分析

可知，互联网金融的风险传染在实际中主要是
通过预期渠道，其风险传染情况简化为图 5.2。

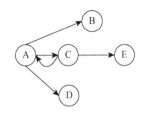

图 5.2 中，A 平台与 B、C、D 平台各有一
条连边，表明它们所在地域相同、标的类型一
致、利率水平接近或主要业务类型相同，属于
同一类平台。在预期传染渠道下，若 A 平台发
生风险，那么投资者会认为同类型的 B、C、D

图 5.2　预期渠道下的风险传播模式

平台也有发生风险的可能性从而对它们产生消极预期，增加 B、C、D 的风险，体
现了风险传染的发生。同理，C 平台出现风险时，A 和 E 作为 C 的同类型平台会
受到风险传染的影响。

通过编写 Python 程序，从网贷之家爬取现存的运营中的网贷平台的相关信息，
主要抓取平台所在地域、主要业务类型、平均利率水平、平台的背景（国资系、
银行系、民营系、上市公司系等）等数据。在构建网络时，抽象出平台彼此之间
联系的邻接矩阵，若所在地域、标的类型、利率水平或主要业务类型相近则认为
相互之间存在关系用 1 表示，没有关系用 0 表示。以 2019 年 2 月为时间节点，我
国运营中的网络借贷平台有 1052 家，从而得到一个具有 1052 个节点、12 685 条
边的复杂网络，运用 Gephi 画图软件进行可视化，如图 5.3 所示。可以看出，互

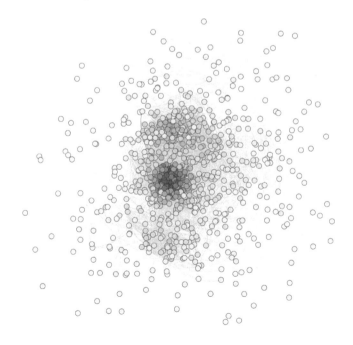

图 5.3　互联网金融复杂网络

联网金融平台之间的连边数量大，说明平台之间的联系紧密，网络连通性极强，这也意味着在发生风险时，传播会非常迅速，受影响范围也将非常广泛。节点的颜色越深表明其节点度越大，网络中各节点的颜色深浅存在较大差异，少量节点颜色较深，即处于核心位置，而大部分节点的颜色较浅；网络中的核心位置意味着与其他平台的联系非常紧密，越处于核心位置的平台，与其他平台的连边颜色也越深。这说明互联网金融网络具有高度集中性，风险在网络中的大部分传播任务由少部分节点承担，由此可以得出，我国互联网金融网络在一定程度上符合无标度网络的特征。但是，仅靠网络图的观察难以确定真实的网络结构，因此，需要对互联网金融网络进行进一步分析，从统计特征上挖掘出该网络更多的信息。

5.3　互联网金融复杂网络统计特征分析

5.3.1　节点度分析

节点的度能够刻画节点的重要程度，并且在描述网络同构性时发挥关键作用，它也是无权网络分析的一大特征。节点的度指的是某一节点连接的边的条数，或者说与该节点相关联的节点的个数。当节点连接的边越多或邻居节点越多时，其度也就越大，反映出该节点在网络中的重要性。节点的度有其实际含义，随其所在网络类型的不同而不同，在交通运输网络中，通过节点度能够看出该节点的网络重要性以及运输能力的大小；而在蛋白质互相作用的网络中，一个蛋白分子的度可以看出该分子在生物系统中与多少分子产生反应。本章的研究对象是互联网金融网络，节点度表明某一互联网金融平台在风险传播过程中的影响力。

节点的度仅能反映单一节点的情况，而复杂网络中节点的度不尽相同，若要知晓一个网络的整体特征通常使用度分布来度量。从概率统计的角度来看，节点的度满足一定的概率分布，度分布 $P(k)$ 是指度为 k 的节点在网络中所占的比例，也可看作在网络中随机抽取节点，抽到度为 k 的节点的概率。

通过计算得到互联网金融市场结构的度平均值为 16.12，其度分布情况如图 5.4 所示。从图 5.4 中可以看出，互联网金融网络中的平台节点度分布非常不均匀，度值很大的节点只占少数，而大多数节点的度都相对较小，只有少量的节点与之相连，这是无标度网络的典型特征，即存在中心节点，如市场中实力较雄厚的网贷平台。节点之间连接程度的严重不均匀性，使得网络中的中心节点在网络运行过程中起主导作用，这些中心节点对网络的连通性起到至关重要的作用，也是风险传染过程中的关键节点。而度值小的节点因为直接关联的邻居节点数量有限，它们对互联网金融复杂网络的影响力微弱。

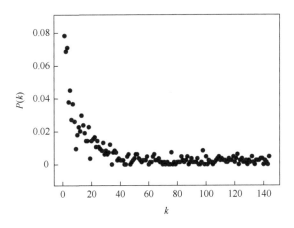

图 5.4　互联网金融网络的度分布图

若仅通过观察度分布图判断网络是否具有无标度特性，具有一定的局限性，因此，下文对节点度分布进行幂律分布的估计与检验，以判断互联网金融网络是否属于无标度网络。

5.3.2　幂律分布的估计与检验

在现实世界中，大部分网络的度分布近似为幂律分布，广泛存在于万维网、互联网、代谢网络等规模较大的复杂网络中。若网络中节点的度分布服从幂律分布，这类网络被称为无标度网络，度分布满足如下公示：

$$P(k) = C_N k^{-\lambda} \tag{5.5}$$

其中，$\lambda > 0$ 为幂指数；C_N 为系数。

Barabási 等指出，λ 值的大小决定了网络的性质，λ 值越小，网络中心节点的重要性越大；对于 $\lambda > 3$ 的网络，不再具有无标度特性，而是接近于随机网络。无标度网络中的中心节点的度较大，连接大量的节点，这类节点既具有鲁棒性同时又呈现脆弱性。鲁棒性是指在应对随机故障时网络的完整性不会受到破坏，这是因为随机故障影响的主要是大量的度值小的节点，而度值小的节点的缺失对网络的影响较小；但是这种对中心节点的依赖也造成了一种攻击漏洞，移除几个关键节点就能将系统分解成小的孤立节点集群。

本章在判断样本是否服从幂律分布时，采用了双对数坐标系绘图的方式。对式（5.5）两边取对数，从而有

$$\ln P(k) = \ln C_N - \lambda \ln k \tag{5.6}$$

这说明 $\ln P(k)$ 是 $\ln k$ 的线性函数，幂指数函数在双对数坐标系中呈现一条直线的形状（如图 5.5 中的直线）。

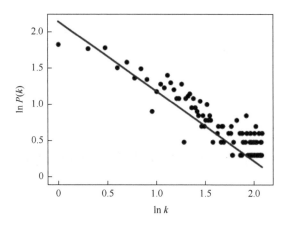

图 5.5　互联网金融复杂网络幂律拟合

幂律分布的估计与检验一般遵从以下步骤。

首先画出数据分布的散点图，将横纵坐标轴均转换为对数形式，获得双对数坐标下的散点图，观察该组数据的分布，如果近似地可以看作一条直线，或者在大于某一数值后散点图接近于直线，那么就认为该数据分布具有幂律分布的性质。

图 5.5 为在双对数坐标系中，互联网金融网络中节点的度分布情况。采用最小二乘法对度分布进行拟合，拟合直线的斜率即为对应的幂指数。由此可看出，互联网金融网络的节点度分布服从幂律分布。就实际情况而言，这是由于主导市场的平台是"少数派"，行业中最具影响力的平台会对本行业的众多平台产生影响，新增的网贷平台也会倾向于和已有的规模较大网贷平台建立业务联系，以提升平台自身的信用背书从而吸引大量投资者入驻。从中不难看出该网络符合无标度网络的新增性和择优选择性这两大重要特性。因此，本章认为互联网金融网络近似地具有无标度特性。

无标度特性和小世界特性不是相互对立的关系，一个网络可以同时具有这两种特性。无标度网络在满足"无标度特性"的前提下，有可能其平均路径长度也较小，呈现一定的"小世界特性"。下文将通过分析聚类系数和平均路径长度来判断互联网金融网络是否也具有小世界特性。

5.3.3　聚类系数分析

聚类系数用于度量网络中节点的密集程度。

对互联网金融网络聚类系数的分析结果显示，该网络的聚类系数为 0.753，表明任意一个节点的邻居节点之间具有较高的连接程度，呈现出集团性质，互联网金融风险在集团内部更容易发生传播。

5.3.4　平均路径长度分析

平均路径长度可以用来衡量网络中节点之间的连通程度，在互联网金融网络中则反映了风险传播的难易程度。大量研究发现，许多实际的复杂网络尽管规模巨大，但其平均路径长度却很小。

互联网金融网络的平均路径长度为 3.84，说明互联网金融中介之间平均通过三到四个其他中介节点就能与网络中任意一个中介节点建立联系。这对于互联网金融这样一种庞大的网络来说是很小的，因此互联网金融网络具有较短的平均路径长度。虽然这里对互联网金融网络的研究只包含了网络借贷平台的部分，但其平均路径长度近似等于网络规模的对数，仍然可以认为该网络的平均路径长度较短。

小世界网络通常同时具有两种特性：平均路径长度较短、聚类系数较大。通过构造同等规模（相同节点数，相同平均度值）的随机网络，分析其聚类系数来比较互联网金融网络的聚类系数是否具有小世界的特性。本章所构造的网络为 ER 随机网络，理论上其度分布服从泊松分布，在构造条件中设置其密度与互联网金融网络的密度相近，对其进行分析，可以得到其聚类系数为 0.036，远小于互联网金融网络的水平，由此可见互联网金融网络的聚类系数较大。综上所述，可以认为这个网络符合小世界网络的特征。

5.3.5　基于网络静态特征参数的互联网金融风险分析

对于互联网金融风险传染情况，本章主要从预期渠道进行分析，针对的是风险在互联网金融机构之间的风险传染。我国互联网金融主要服务于传统金融服务无法覆盖的尾部市场，一旦一家平台出现危机，长尾人群会快速扩散恐慌情绪，改变市场预期，从而引起互联网金融风险的传播。本章认为互联网金融与传统金融的风险传播过程具有相似性，也存在一些区别。首先，互联网金融传染渠道可以分为直接传染和间接传染，与传统金融风险传染渠道类似，互联网金融平台之间不仅仅通过平台间的关联进行风险传染，还借助投资者预期变化等间接方式进行传染，这就等于互联网金融风险的传播过程是有传播媒介的存在的。尽管现有的监管框架能够很好地囊括传统金融机构，但是互联网金融平台并没有受到较完善的监管，对其约束较弱，比如互联网金融行业尚没有完善的信息披露机制，这使得信息更加不对称。

网络的平均度为 30.1，意味着每个互联网金融平台平均与 30 个平台属于同一类。另外度分布服从幂律分布，而我国互联网金融自开始发展起，市场中互联网金融平台的数量持续增加，由于已有的规模较大的互联网金融平台具备良好的信用水平，新加入网络的互联网金融平台纷纷选择与那些大规模平台建立联系，以此提升在消费者心目中的预期从而拉动投资。平台数量的增加以及优先与大规模平台建立联系，与无标度网络的新增性和择优选择性相对应。所以本章认为我国的互联网金融网络结构具有无标度特性，这说明互联网金融市场中有少数度值很高的节点的存在，而大多数节点的度值较低，度分布的不均匀很大程度影响了网络的连通性，如市场中实力较雄厚的互联网金融平台和大型金融机构，它们也在互联网金融风险传染过程中起到关键作用。

通过计算得到网络的平均路径长度为 3.84，这对于互联网金融平台这样一种庞大的网络来说是很小的，显现出一定的小世界效应；而聚类系数为 0.753，说明节点聚集程度高，互联网金融市场的节点连通性较高。就风险传染而言，平均路径长度对应了传染深度，深度越小传播速度越快，聚类系数则代表传染广度。因此，可以得出在互联网金融网络中风险传染深度较小、范围较广，较小的传染深度使得风险迅速传播，较大的传染广度使得传染涉及范围广，最终会导致风险在互联网金融网络中大规模且快速地扩散。

5.4 基于 SEIS 的互联网金融风险传染模型

5.4.1 模型假设

金融风险传播是发生在金融风险网络上的传播动力学行为，互联网金融网络中的风险传播机理与传染病传播机理相似。在互联网金融系统中，存在着容易被风险波及的个体以及风险发生的个体。与传染病传播相似，互联网金融平台也存在风险感染后的免疫与复发，但并非处于免疫状态而失去传染能力，这是因为互联网金融平台本身作为经营风险的企业不可能做到对风险永久免疫。因此，处于感染状态的个体有一定的概率重新转变为易感染状态，仍然有可能重新感染风险。现在对模型进行合理假设。

1. 节点状态假设

本节假设互联网金融平台具有三种状态：易感染状态（S）、已感染状态（I）、潜伏期状态（E）。网络初始状态下存在一个或少数几个处于风险状态的互联网金融平台，它们是风险传染的源头，其余平台因为共处于同一个网络中，都属于易感染节点。当互联网金融平台有完善的风险防范机制，则在遭受风险冲击后不会受到影响，仍处于易感染状态。若平台的风险控制措施不完备或是尚未建立起风控机制，则有一定概率感染风险，感染了风险的平台可细分为两类，一类平台立即转变为已感染平台从而具备传播风险的能力，另一类则进入潜伏期状态在一段时间后爆发风险。

2. 潜伏现象假设

对除初始传染源以外的风险传播平台来说，在进入已感染状态之前，有可能处于潜伏期，因为互联网金融风险的爆发随时间逐渐累积的过程，负面消息在投资者之间传播以及平台内部对风险进行消化都需要时间。当消极情绪在投资者之间广泛传播时，改变了市场预期，投资者纷纷撤资，积累到一定程度平台产生风险；另外，平台在遭受风险冲击后，由于具备一定的风险防范意识，不会很快进入风险状态，而是在一段时间后转变为风险平台，所以本章假设的风险传播模型带有潜伏期。

3. 无向网络假设

互联网金融风险的传染渠道包括以担保机构为纽带构成的信用渠道，由融资公司投资产生的资金渠道，或是投资者行为影响下的预期渠道。在互联网金融网络中，风险沿着节点间的联系进行传播扩散，本章的研究是建立在不考虑风险传染方向的前提下，不将节点间的风险传播顺序考虑在内，因此本章的互联网金融风险传染模型是在无向网络的基础上构建的。

4. 相邻传染假设

网络中的节点只有在与相邻的已感染节点接触之后才有一定概率感染风险。实际情况下互联网金融风险的传播还会通过间接渠道也就是受到信息扩散、投资者行为的影响，前文基于预期渠道构建网络模型时将此类间接传染渠道考虑在内，所以本章假设节点只有在邻居节点具备风险传播能力时才有感染风险的可能。

上述假设条件构造了互联网金融风险传播的环境：在无向的互联网金融网络中，且网络结构保持不变，以 SEIS 模型作为构建风险传染模型的基础。那些与已感染平台相连接的易感染平台以潜伏率 α_1 转变为潜伏期平台，以感染率 α_2 直接被感染成为已感染平台。潜伏期平台也会以转化率 β 转变为已感染平台，已感染风险的平台具有传播风险的作用，将风险传染给与之相连的互联网金融平台。已感染平台为了摆脱感染状态，会采取应对措施来控制风险，即存在一定的治愈率重新恢复成易感染状态，治愈率用 μ 表示。互联网金融风险基于 SEIS 模型的传播状态及转换关系如图 5.6 所示。

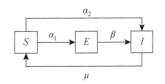

图 5.6　SEIS 模型的传播状态及转换关系

5.4.2　模型构建

一般来说，分别假设在 t 时刻易感染个体和已感染个体的密度为 $s(t)$、$i(t)$，潜伏期个体密度为 $e(t)$，那么 SEIS 模型用微分方程组表示如下：

$$\begin{cases} \dfrac{\mathrm{d}s(t)}{\mathrm{d}t} = -(\alpha_1 + \alpha_2)i(t)s(t) + \mu i(t) \\[2mm] \dfrac{\mathrm{d}e(t)}{\mathrm{d}t} = \alpha_1 i(t)s(t) - \beta e(t) \\[2mm] \dfrac{\mathrm{d}i(t)}{\mathrm{d}t} = -\mu i(t) + \beta e(t) + \alpha_2 i(t)s(t) \end{cases} \tag{5.7}$$

根据前文分析所得，将互联网金融平台在风险传染过程中的不同状态用三个离散集合分别表示，即易感染集合 S、潜伏期集合 E 和已感染集合 I。按如下规则进行模拟。

（1）起初，作为传染源的互联网金融平台节点属于已感染集合，其余平台节点属于易感染集合。

（2）处于易感染状态的互联网金融平台在和相邻的处于感染状态的节点接触之后，会出现两种情况，一是以既定概率 α_1 进入潜伏期，二是以概率 α_2 直接转变为感染平台。这时，进入潜伏期的平台添加进 E 集合，被感染了的互联网金融平台添加进已感染状态 I 集合，并从易感染状态 S 集合中移除。尽管不同平台的风险管理能力、流动性水平等因素不尽相同，本章为了简化研究，假设所有平台的风险感染率相同。

（3）位于潜伏期的互联网金融平台以 β 的概率彻底感染上风险，最终变为已感染平台，被加进已感染状态 I 集合并从 E 集合中移除。

（4）被感染的平台存在一定概率被治愈为健康平台，以治愈率 μ 重新恢复成易感染状态。此时，治愈后的平台加入 S 集合并从 I 集合中移出。与风险感染率的假设相同，本章假设所有互联网金融平台的治愈率相同，这也便于研究互联网金融复杂网络在不同因素影响下的风险传染规律。

（5）网络中的平台节点将在易感染状态、潜伏期状态和已感染状态间变化，直到网络达到稳定状态。

5.4.3　稳态分析

根据有关基本再生数的定义，得出基本再生数 $R_0 = \dfrac{\alpha_1 + \alpha_2}{\mu}$。

由上述分析可知，$s(t) + i(t) + e(t) = 1$，将式（5.7）中变量简化为 S、I、E，并令右端为 0，可得方程组

$$\begin{cases} \dfrac{dS}{dt} = -(\alpha_1 + \alpha_2)SI + \mu I = 0 \\[2mm] \dfrac{dE}{dt} = \alpha_1 SI - \beta E = 0 \\[2mm] \dfrac{dI}{dt} = -\mu I + \beta E + \alpha_2 SI = 0 \end{cases} \tag{5.8}$$

解方程组式（5.8），求得存在的两组解 $E^0\{1, 0, 0\}$，$E^*\{S^*, I^*, E^*\}$，其中

$$\begin{cases} S^* = \dfrac{\mu}{\alpha_1 + \alpha_2} \\[3mm] I^* = \dfrac{\beta(\alpha_1 + \alpha_2) - \beta\mu}{\alpha_1\mu + \beta(\alpha_1 + \alpha_2)} \\[3mm] E^* = \dfrac{\alpha_1\mu[(\alpha_1 + \alpha_2) - \mu]}{(\alpha_1 + \alpha_2)[\alpha_1\mu + \beta(\alpha_1 + \alpha_2)]} \end{cases} \tag{5.9}$$

（1）当平衡点为 $E^0\{1, 0, 0\}$ 时，式（5.8）在 E^0 处的雅可比（Jacobian）矩阵为

$$J(E^0) = \begin{bmatrix} 0 & 0 & -(\alpha_1 + \alpha_2) + \mu \\ 0 & -\beta & \alpha_1 \\ 0 & \beta & \alpha_2 - \mu \end{bmatrix} \tag{5.10}$$

由此可得在 E^0 处的特征方程为

$$\lambda[(\lambda + \beta)(-\mu + \alpha_2 - \lambda) + \alpha_1\beta] = 0 \tag{5.11}$$

当 $\lambda_1 \geqslant 0$ 时，系统不稳定。当 $\lambda_1 < 0$ 时，$(\lambda + \beta)(-\mu + \alpha_2 - \lambda) + \alpha_1\beta = 0$，即 $\lambda^2 + (\mu + \beta - \alpha_2)\lambda + (\mu - \alpha_1 - \alpha_2)\beta = 0$，因此

$$\begin{aligned} \lambda_2 + \lambda_3 &= -(\mu + \beta - \alpha_2) \\ &= -\beta - \alpha_1 + \mu(R_0 - 1) \end{aligned} \tag{5.12}$$

$$\begin{aligned} \lambda_2 \times \lambda_3 &= (\mu - \alpha_1 - \alpha_2)\beta \\ &= \beta\mu(1 - R_0) \end{aligned} \tag{5.13}$$

当 $R_0 < 1$ 时，式（5.12）< 0 且式（5.13）> 0，其根均具有负实部。根据赫维茨（Hurwitz）定理可知，$J(E^0)$ 的特征根为负，$E^0\{1, 0, 0\}$ 是局部稳定的[①]。该平衡点属于系统的无传播平衡点，是一种理想的状态，在互联网金融风险的真实传播过程中是不存在的。

---

① 孙峥，李宝成. 有治愈的非线性传染力 SIS 模型渐近性分析[J]. 南京理工大学学报（自然科学版），2003，27（S1）：81-83.

（2）当平衡点为 $E^*\{S^*, I^*, E^*\}$ 时，式（5.8）在 E^* 处的 Jacobian 矩阵为

$$J(E^*) = \begin{bmatrix} \dfrac{-(\alpha_1 + \alpha_2)\beta(\alpha_1 + \alpha_2 - \mu)}{\alpha_1\mu + (\alpha_1 + \alpha_2)\beta} & 0 & 0 \\ \dfrac{\alpha_1\beta(\alpha_1 + \alpha_2 - \mu)}{\alpha_1\mu + (\alpha_1 + \alpha_2)\beta} & -\beta & \dfrac{\alpha_1\mu}{\alpha_1 + \alpha_2} \\ \dfrac{\alpha_2\beta(\alpha_1 + \alpha_2 - \mu)}{\alpha_1\mu + (\alpha_1 + \alpha_2)\beta} & \beta & -\mu + \dfrac{\alpha_2\mu}{\alpha_1 + \alpha_2} \end{bmatrix} \quad (5.14)$$

由此可得在 E^* 处的特征方程为

$$\left(\lambda + \frac{(\alpha_1 + \alpha_2)\beta(\alpha_1 + \alpha_2 - \mu)}{\alpha_1\mu + (\alpha_1 + \alpha_2)\beta}\right)\left[(\lambda + \beta)\left(\lambda + \mu - \frac{\alpha_2\mu}{\alpha_1 + \alpha_2}\right) - \frac{\alpha_1\mu}{\alpha_1 + \alpha_2}\beta\right] = 0 \quad (5.15)$$

$$\lambda\left(\lambda + \frac{(\alpha_1 + \alpha_2)\beta(\alpha_1 + \alpha_2 - \mu)}{\alpha_1\mu + (\alpha_1 + \alpha_2)\beta}\right)\left(\lambda + \frac{\alpha_1\mu}{\alpha_1 + \alpha_2} + \beta\right) = 0 \quad (5.16)$$

当 $\lambda_1 \geq 0$ 时，系统不稳定。当 $\lambda_1 < 0$ 时，$\left(\lambda + \dfrac{(\alpha_1 + \alpha_2)\beta(\alpha_1 + \alpha_2 - \mu)}{\alpha_1\mu + (\alpha_1 + \alpha_2)\beta}\right)$

$\left(\lambda + \dfrac{\alpha_1\mu}{\alpha_1 + \alpha_2} + \beta\right) = 0$，因此

$$\lambda_2 = -\frac{(\alpha_1 + \alpha_2)\beta(\alpha_1 + \alpha_2 - \mu)}{\alpha_1\mu + (\alpha_1 + \alpha_2)\beta} \quad (5.17)$$

$$\lambda_3 = -\frac{\alpha_1\mu}{\alpha_1 + \alpha_2} - \beta \quad (5.18)$$

当 $R_0 > 1$ 时，$\alpha_1 + \alpha_2 - \mu = \mu R_0 - 1 > 0$，则式（5.17）$< 0$，且式（5.18）$< 0$。此时，特征方程的根均具有负实部。由上述解的稳定性判定方法可知，$E^*\{S^*, I^*, E^*\}$ 是方程的稳定平衡解。

5.4.4 考虑平台风控水平的互联网金融风险传播模型

在以往的研究中，多假设整个网络中的易感染节点与已感染节点接触后的风险感染率相同，该假设不符合个体行为的多样性与复杂性。不同互联网金融平台的风险管理能力、流动性水平等因素不尽相同，是否加入专业协会、是否对接银行存管系统都会影响其遭受风险冲击的程度。针对该问题，本节在 SEIS 传播模型的基础上，对互联网金融平台自身的风险控制能力进行了详细分析，提出一种考虑了互联网金融平台风控水平的风险传播模型。

在风险传播过程中，节点自身与邻居节点的相互影响力关系到风险传播的强

度。令 i 表示网络中一个节点，假设节点 i 与 j 互为邻居，则节点 i 对节点 j 的影响力为

$$f(i,j) = k(i) \Big/ \sum k(l) \tag{5.19}$$

其中，$k(i)$ 为节点的度即节点 i 的邻居个数；$\sum k(l)$ 为节点 j 的所有邻居的度数之和。显然，节点 i 的度 $k(i)$ 越大，对节点 j 的影响力也越大。

而相对影响权重受双方影响力共同作用，节点 i 对节点 j 的相对影响权重为

$$R(i,j) = 2f(i,j) \Big/ \big[f(i,j) + f(j,i) \big] \tag{5.20}$$

需要说明，$R(i,j)$ 一般不等于 $R(j,i)$，这是由节点 i 和节点 j 的相对权威性决定的。

本章同时考虑了平台间相对影响力和平台自身风控水平的作用，在 SEIS 模型的基础上，结合节点相对权重 $R(i,j)$ 和平台风险控制水平 e_i，给定基本传播概率 λ，令 $p(i,j)$ 表示已感染节点 i 对未感染节点 j 的传播概率，可表示为

$$p(i,j) = R(i,j)\lambda / e_i \tag{5.21}$$

另外，由于 $R(i,j)$ 的取值有可能大于 1，而传播率 p 作为概率必须小于等于 1，所以规定在超过 1 的情况下 p 取 1。

5.5　互联网金融风险传染模型的仿真分析

5.5.1　基础 SEIS 模型实验结果

1. 单个因素的变化对风险传染的影响

本节根据上述模拟规则，分析感染率、治愈率对互联网金融风险传播速度和风险传播规模的影响。

在随机冲击方式下，保持感染率不变，治愈率变化对风险传染的影响如图 5.7（a）所示。令风险感染率 $\alpha_2 = 0.2$，治愈率 μ 分别为 0.8、0.6 和 0.4，从图 5.7（a）中可以发现，当 $\mu = 0.8$ 时，网络中的风险传染速度低于 $\mu = 0.6$ 和 0.4 时，最终稳定状态下的被感染节点比例也低于另外两种情况。因此，当风险传染率 α_2 相同时，互联网金融平台的治愈率越大，最终处于感染状态的互联网金融平台数量越少，治愈率的提高能够有效控制互联网金融风险传播规模。

同样在随机冲击方式下，保持治愈率不变，分析感染率变化对风险传染的影响。本章模拟了当治愈率 μ 固定为 0.8，风险传染率 α_2 分别等于 0.2、0.4、0.6 时网络中风险蔓延的情况。由图 5.7（b）可知，若保持治愈率固定不变，感染率越大，网络中风险的传播速度越快，被感染平台的规模越大即造成的破坏越大。为

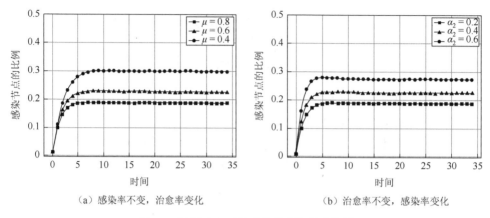

（a）感染率不变，治愈率变化　　　　　　　（b）治愈率不变，感染率变化

图 5.7　随机冲击下的感染节点比例曲线图

了抑制风险传播、有效地控制风险，应降低互联网金融平台被感染的概率，增强其风险管控能力。

2. 多因素同时变化对风险传染的影响

以往的研究更多关注单一参数的变化对风险传染的影响，本节将 SEIS 模型中的参数即感染率、潜伏率、转化率以及治愈率进行两两组合，研究在两个变量的作用下感染平台的比例会有何变化。每一次的组合变化下，时间步长为 35，模拟次数为 50，最终取平均值求得在该组合下的感染平台比例。

1）潜伏率和转化率对传播过程的影响

图 5.8 反映了当风险感染率和治愈率保持不变，即感染率为 0.1 以及治愈率为 0.8 时，稳定状态下感染个体的密度与风险潜伏率、风险转化率之间的关系。可以

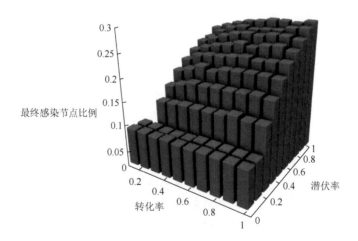

图 5.8　潜伏率、转化率共同作用下感染节点比例图

看出，第一，在潜伏率小于 0.2 的情况下，转化率的上升不会影响最终感染节点
比例大小，而当潜伏率固定为大于 0.2 的数值时，随着转化率增大，潜在的互联
网金融风险平台极有可能演变为感染平台，转化为感染平台的概率升高，进而稳
定状态下的感染节点比例增多。第二，在转化率不变时，随着潜伏率的上升，系
统稳定状态中的感染节点比例明显上升，如潜伏率从 0.2 增大到 0.9，最终感染节
点比例从 0.12 增加至 0.27。上述变化规则与单一潜伏率或单一转化率对风险传染
的影响情况一致。

从图 5.8 中还可以看出，在转化率和潜伏率相互影响、共同变化时，潜伏率
对最终感染节点比例的影响要强于转化率对感染节点比例的影响。可以明显看出，
转化率的增大仅带来感染节点密度的微小增长，对感染规模的整体演化趋势影响
不大。因此，为了控制风险传染、缩小感染范围，相较于转化率降低潜伏率是更
加有效的方式。

2）感染率和治愈率对传播过程的影响

图 5.9 反映了当风险潜伏率和转化率保持不变，即潜伏率为 0.3 以及转化率为
0.5 时，稳定状态下感染个体的密度与风险感染率、风险治愈率之间的关系。保持
感染率不变，随着治愈率增大，互联网金融平台防范风险、控制风险的意识增强，
摆脱感染状态的可能性得到提升，进而稳定状态下的感染节点比例减少，比如感
染率为 0.2 时，提高治愈率可以使感染范围从 55%迅速降低为 15%；若治愈率不
变，即平台防范互联网金融风险的行为意识不变时，如果感染率不同，则感染个
体的密度也不同，并且会随着感染率的增加而增加。

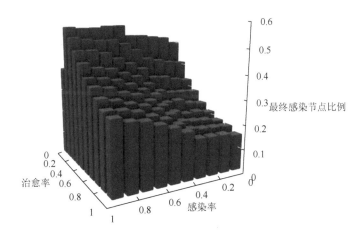

图 5.9　感染率、治愈率共同作用下感染节点比例图

在图形的对角线上，感染率和治愈率呈增长趋势，但是最终感染节点的比例
呈下降趋势，这说明治愈作用强于感染作用，治愈率的上升能够很好地遏制感染

率上升对感染密度的影响。因此，增强互联网金融平台的风险防范机制，完善风险应对措施，加强其危机恢复能力，使其尽快从风险平台恢复为正常运营平台，能够有效控制感染规模。

5.5.2　考虑平台风控水平的 SEIS 模型实验结果

首先分析感染平台的密度和传染概率之间的关系。设定 A 类互联网金融平台的风控水平为 5，B 类互联网金融平台的风控水平为 3，C 类互联网金融平台的风控水平为 1。图 5.10 和图 5.11 描述了在不同风险传染概率下，考虑平台风控水平和不考虑平台风控水平的情况下，网络借贷市场风险传染密度和传染时间之间的关系情况。从图 5.10 可以看出，不同的传染概率下感染平台的边际密度不同，且网络借贷平台被传染风险的边际密度随着传染概率的提高而增大；感染平台的密度随着风险传染时间的延长而上升。

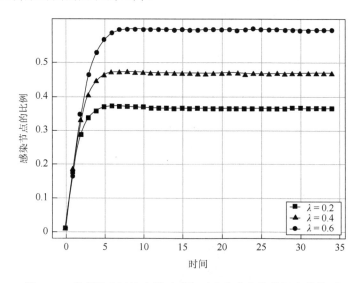

图 5.10　考虑平台风控水平时感染平台密度和传染概率的关系

对比两图可以看出，将平台风控水平纳入模型参数后，感染平台的密度明显高于未纳入平台风控水平的情况，说明平台风控水平影响了风险传染概率，从而影响整个网络结构中感染平台所占的比例。图 5.11 表明，传染时间保持不变时，网络借贷平台之间基于相对影响力和风控水平的风险传染概率越大，市场中已感染风险的网络借贷平台的数量就越多，即市场中的传染概率越大，网络借贷市场风险传染性就越强，越可能使更多的网络借贷平台受到风险传染。比较图 5.10 和图 5.11 不难得出，传染概率会影响到网络中已感染风险的网络借贷平台的数量，

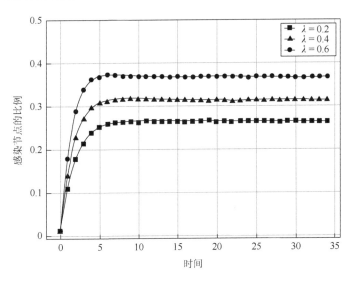

图 5.11　不考虑平台风控水平时感染平台密度和传染概率的关系

同时平台间的相对影响权重和平台自身的风险控制能力也会影响到市场中感染平台的数量。

5.6　SEIS 模型下的免疫策略仿真

5.6.1　风险传播的免疫策略

为了控制传染病在网络中的传染，可以通过接种疫苗、打预防针等方式获得对传染病的免疫能力。类似地，当互联网金融风险在复杂网络中传播时，也可以采取风险控制策略抑制互联网金融风险的传播，防止其在互联网金融网络中爆发。风险传播的免疫策略就是说在网络中选择一部分节点作为免疫节点，对其进行保护，使它们不会受到风险传播的影响，以此来控制网络中的风险传播问题。目前，在传染病模型中，免疫策略主要有三种：随机免疫策略、目标免疫策略和熟人免疫策略。

在随机免疫策略下，通过完全随机的方式选择网络中的节点进行免疫，该策略首次由 Anderson 和 May 提出[①]。在网络传播过程的一开始，给定所需选择的初始节点数量，然后随机地选择初始免疫节点，剩下的节点会受到初始免疫节点的

---

① Anderson R M，May R M. Infectious Diseases of Humans: Dynamics and Control[M]. Oxford: Oxford University Press，1991.

影响。有学者通过研究发现无标度网络下随机免疫策略的风险抑制效果不佳，许多相关研究都得到了类似的结论，即若网络具有无标度性质，那么随机免疫在抑制风险时可能效果低下甚至是无法产生抑制效果[①]。若要衡量除随机免疫策略以外的免疫策略的效果，可以选择随机免疫实施效果作为评判的基准。将免疫节点个数占总节点数的比值定义为免疫节点的密度，用 g 表示，假设没有实施免疫策略的模型中的传播率为 λ，则在随机免疫策略作用下有效传播率将降至 $(1-g)\lambda$。

目标免疫策略下，先将网络中节点的度进行排序，之后选择其中度较大的节点作为免疫节点。要想实施目标免疫策略，需对网络整体的拓扑结构信息了如指掌，之后根据所得信息对节点的度进行排序，优先免疫度值较大的节点。在无标度网络下，对比随机免疫的风险抑制效果，不难看出目标免疫策略的效果更好。还有学者比较了在不同传染病模型下的随机免疫和目标免疫的结果，仍能得出类似的结论[②]。目标免疫策略通常适用于无标度网络的免疫，这是由于无标度网络中节点的度分布不均匀，而目标免疫下对部分度值较大的节点进行免疫能够将这些节点与其余节点隔离，这能够极大地降低风险传播的可能性。在对无标度网络进行蓄意攻击时，网络呈现一定的脆弱性，也正反映了目标免疫策略的有效性。还有研究发现，对无标度网络采用目标免疫策略时，其免疫临界值很小，也就意味着关注无标度网络中度值较大的节点，对这些节点进行免疫就能够有效地控制风险的传染。

不同于上述两种免疫策略通过某种选择方式选取一定比例的节点直接进行免疫，熟人免疫策略的基本思想是对所选节点的邻居节点进行免疫。这是考虑到在无标度网络下通常采用目标免疫策略，但是若要找到度值较大的节点就需要遍历网络中所有节点，这对于那些大规模的、动态的复杂网络而言应用难度较大。该策略并不需要获取全局信息而是基于局部信息，具体步骤是先随机选取一定比例的节点，再分别在这些所选节点的邻居节点中随机选取一个节点进行免疫。与目标免疫相比，熟人免疫不需要过多关注主体网络中的全部信息。

5.6.2　SEIS 模型下的随机免疫策略仿真

随机免疫策略下的仿真实验流程如图 5.12 所示[③]。

传染病模型网络上的每个节点设置有三个状态，分别对应未受到风险波及的节点、传播风险的节点、接触到风险但是尚处于潜伏期状态的节点。

---

① 李易宙. 基于复杂网络的银行风险传染及其免疫策略研究[D]. 太原：山西财经大学，2017.

② Cohen R，Havlin S，Ben-Avraham D. Efficient immunization strategies for computer networks and populations[J]. Physical Review Letters，2003，91（24）：247901.

③ 钱媛媛. 基于复杂网络的互联网金融风险传染研究[D]. 南京：南京航空航天大学，2000.

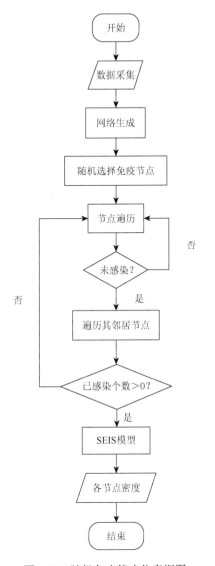

图 5.12　随机免疫策略仿真框图

在随机免疫策略下，首先随机选择一定比例的不受风险传播的节点为免疫节点，然后随机选择网络上的某个节点作为"种子"节点，作为互联网金融风险的传播者。

在设置好初始条件后，可开始模拟互联网金融风险在网络上的传播。

互联网金融风险传播模拟方法如下。

（1）在每个时间步，遍历互联网金融风险网络上的所有节点。

当所选择的节点为未受到风险波及的节点时，遍历该个体所有的邻居节点。

如果这些邻居节点中有一个或多个节点是传播风险的个体,那么生成一个随机数,它的取值范围在 0 和 1 之间。如果该随机数小于传染率,则该节点变为传播风险的节点;如果该随机数在传染率和潜伏率之间,则该节点变为接触到风险但是尚处于潜伏期状态的节点;如果随机数不在上述任何一个区间,则该节点的状态不发生任何变化。

当所遍历的节点是传播风险的个体时,同样遍历该节点的所有邻居节点,如果这些邻居节点有一个或多个节点为传播风险的节点或失去对风险传播兴趣的节点(包括接受风险传播的节点和不接受风险传播的节点),那么生成一个在区间 0 与 1 之间的随机数。

(2)当遍历完网络上所有节点后,更新网络上所有节点的状态。如果在新的状态下,网络上不再新增传播风险的节点,则模拟实验结束,否则转第(1)步继续进行风险的传染。

5.6.3 不同免疫策略的仿真结果比较

1. 免疫密度对感染密度的影响

本节通过比较上述三种免疫策略对感染密度的影响,研究不同风险免疫策略的差异,从而选取合适的风险控制策略,抑制风险在复杂网络中的传播。首先固定风险传染速率,研究初始免疫密度变化时的免疫策略。风险传染速率固定为 0.3,初始免疫密度分别取 0~0.9,直到感染密度在稳定状态下趋于 0 取值完毕。仿真实验得到表 5.3 和图 5.13 所示的随机免疫策略下的感染密度与免疫密度之间的关系,随着免疫密度的增加,感染密度呈现从约 0.5 下降到接近 0 的趋势。

表 5.3　随机免疫策略中感染密度与免疫密度的关系

免疫密度	感染密度
0	0.5043
0.1	0.4977
0.2	0.4724
0.3	0.4567
0.4	0.4212
0.5	0.3751
0.6	0.2569
0.7	0.2034
0.8	0.0003
0.9	0.0002

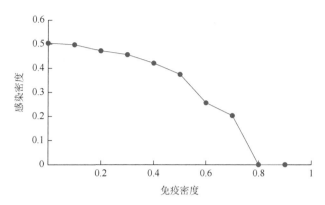

图 5.13　随机免疫策略中感染密度与免疫密度的关系

　　为得到熟人免疫对互联网金融网络风险控制的效果，完全随机选取网络的 8 个节点进行免疫（排除作为风险传染源的节点），按照上一节的仿真实验步骤进行风险传染模拟，得到结果（表 5.4 和图 5.14）。

表 5.4　熟人免疫策略中感染密度与免疫密度的关系

免疫密度	感染密度
0	0.5043
0.1	0.4626
0.2	0.4335
0.3	0.3887
0.4	0.2988
0.5	0.2076
0.6	0.1235
0.7	0.0004
0.8	0.0001

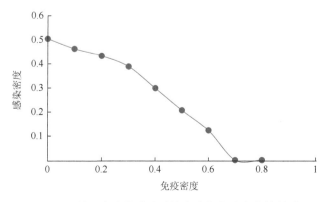

图 5.14　熟人免疫策略中感染密度与免疫密度的关系

为得到目标免疫对互联网金融网络风险控制的效果，选取度值较大的 6 个节点作为免疫节点，其余模拟过程与前文随机免疫策略的仿真步骤相同，结果见表 5.5和图 5.15。

表 5.5　目标免疫策略中感染密度与免疫密度的关系

免疫密度	感染密度
0	0.5043
0.1	0.3218
0.2	0.1926
0.3	0.0398
0.4	0.0007
0.5	0.0004

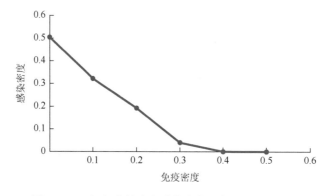

图 5.15　目标免疫策略中感染密度与免疫密度的关系

从表 5.5 和图 5.15 可以看出，对于无标度网络，目标免疫相较于随机免疫具有明显的优势。将图 5.13～图 5.15 进行比较，可以明显看出，趋于稳定状态下的感染密度，在目标免疫下最低，而随机免疫的最终感染密度高于前者，因此与上述研究结论一致。

风险传染速率保持不变时，上述三种免疫策略稳定状态下的感染密度均随着免疫密度的上升而下降。三图相比较不难发现，①目标免疫策略下感染密度下降要快于随机免疫策略和熟人免疫策略。②目标免疫策略在免疫密度为 0.4 时就已经达到了很好的免疫效果，网络中不存在具有风险传染力的节点。③熟人免疫策略在接近 0.8 时稳定状态下的感染密度趋于 0 才达到与目标免疫策略相同的效果。

2. 传播速率对感染密度的影响

接下来将固定免疫密度，研究传播速率变化时的免疫策略。

上述三种免疫策略中，初始状态互联网金融网络免疫密度为 10%（总节点数为 1052），传播速率取 0.1, 0.2, 0.4, 0.6, 0.8。表 5.6 反映了三种免疫策略在不同传播速率下的风险传播范围。

表 5.6　不同传播速率下的稳定状态情况

节点数	传播速率				
	0.1	0.2	0.4	0.6	0.8
稳态时随机免疫节点数	170	210	610	630	710
稳态时熟人免疫节点数	130	180	500	530	600
稳态时目标免疫节点数	120	160	420	490	570

对比未实施免疫策略的情景，在免疫密度不变的情况下，随机免疫、熟人免疫和目标免疫下稳定状态时的感染密度都在一定程度上有所降低，说明免疫策略确实起到一定的风险防范效果。

观察表 5.6，在风险传播速率依次为 0.1, 0.2, 0.4, 0.6, 0.8 时，目标免疫策略下的稳定状态感染节点数小于随机免疫策略下的稳定状态，熟人免疫策略居中，尤其是在风险传播速率较大的情况下，这三种免疫策略下最终稳态时的感染密度之间的差异更加显著。

有针对性地对互联网金融网络中度值较大的节点进行免疫，能够有效降低传播范围，并能在较短的时间内控制传播，目标免疫策略只需对较少的节点即约 40%的节点进行免疫就能够使感染密度降至 0。因此，为了对互联网金融网络中的风险传播范围和传播速度实现有效控制，可以通过增大免疫密度、选择目标免疫策略的方式。

5.7　研　究　结　论

本章从预期渠道角度出发，结合复杂网络理论构建互联网金融网络，进一步基于传染病模型研究由预期变化导致的互联网金融风险传染问题。本章不仅研究了基础传染病模型，还考虑了平台自身风险控制水平和平台之间相对影响力对风险传染率的影响。最后，通过对不同免疫策略的仿真实验结果进行分析比较。本章主要得出以下结论。

（1）互联网金融复杂网络呈现出无标度特性与小世界特性。平台数量的增加以及优先与大规模平台建立联系，与无标度网络的新增性和择优选择性相对应，互联网金融市场的节点连通性较高。就风险传染而言，平均路径长度对应了传染深度，深度越小传播速度越快，聚类系数则代表传染广度。因此，可以得出在互联网金融网络中风险传染深度较小、范围较广，较小的传染深度使得风险迅速传播，较大的传染广度使风险大范围传播，最终会导致风险在互联网金融网络中大规模且快速扩散。

（2）互联网金融风险的传染病仿真模拟结果显示，风险传染概率、风险感染状态转入易感染状态的治愈率等单一模型参数都会对互联网金融风险传染的速度和范围产生影响。风险传染率越高风险越容易传播，通过加强互联网金融风险管控能力可以有效控制风险爆发造成的破坏；提高治愈率则可以减少风险传染的速度、范围，这需要互联网金融行业建立起完善的风险应对机制。

（3）在对不同风险防范的免疫策略进行比较时，发现初始免疫密度不变的情况下，目标免疫策略的免疫效果优于随机免疫策略，尤其是当风险传播速率较大时该优势更加明显。若初始免疫密度发生变化，目标免疫策略降低风险传播速度的效果并非一直优于随机免疫策略，初始免疫密度较低时效果不显著，而随着免疫密度上升，目标免疫策略降低风险传播速度的效果会优于随机免疫策略。通过分析不同初始免疫密度对风险防范效果的影响，可以得出无论初始免疫密度为多少，最终稳态下的目标免疫实施效果明显比随机免疫的实施效果更优，并且随着初始免疫密度的提高，这两种免疫策略的风险防范效果也在提升。

第6章　互联网金融风险传染复杂内生网络模型研究

为了继续研究互联网金融系统风险的传染效应，本章深入金融主体内部，分析内部所存在的风险，以互联网金融风险要素为网络节点，构建了互联网金融风险系统复杂网络。本章的分析方法与从经济冲击和金融机构的角度来分析系统风险有着本质不同，将互联网金融系统分解为互联网金融、传统金融和监管子系统三个子网，分析不同风险要素之间的传染和被传染关系，找出风险由互联网金融内部循环传递给传统金融行业的路径，进而找到系统风险的潜在隐患。

6.1　互联网金融下的金融系统子网络划分

研究发现，互联网金融风险因子网络存在局部的聚集性，表现为网络的一部分联系紧密而一部分联系稀疏，即网络可划分为多个子网络。这种现象在许多实际网络中都真实存在。因此，本章将互联网金融系统风险分为三层网络，分别为互联网金融网络、监管网络以及传统金融网络。

综合互联网金融与传统金融业的风险特性，选取"诱发""调控"和"传染"这三个要素来切入。首先，关注互联网金融诱发系统风险的源头，通过对整个互联网金融内部的风险因子进行罗列和分析，研究诱发原因与在互联网金融内部的传染路径。其次，考虑监管部门与互联网金融之间的业务活动、资金流动和风险暴露，根据二者之间的流动关系、监管强度、监管成本等约束条件构建复杂系统中的监管网络。最后，考虑传统金融业的风险承受能力，构建传统金融子网，从而综合表征具有多源风险叠加，多风险层次的互联网金融风险结构网络。

6.1.1　子网络的描述与构建

每一个子网当中，设整个互联网金融风险系统的网络特征由两个基本要素组成：节点 v 和关联方式 e，若将 V 视为 v 的集合，E 视为 e 的集合，且 E 中的每一条边 e（关联方式）都有 V 的一对点 (i,j) 与之对应，则整个网络可以用符号 $G=(V,E)$ 来表示。若 G 有 n 个节点，记为 $V=(1,2,\cdots,n)$，令

$$g_{ij} = \begin{cases} 1, & \text{若风险因子}i\text{会直接导致风险因子}j\text{的发生,} \ i \neq 1 \\ 0, & \text{否则} \end{cases}$$

可以用矩阵 $G = (g_{ij})_{n \times n}$ 完整地描述该网络。同时由于复杂系统是典型的有向网络,故可以判断 $G = (g_{ij})_{n \times n}$ 为非对称矩阵。

对网络中的节点 v_i 的度 k_i, 定义为与该节点相连接的边的数: $k_i = \sum_{j=1}^{n} g_{ij}$, 即一个新增节点与原有节点之间的连接概率度。考虑到整个互联网金融风险系统之中,风险要素不会固定不变,而是会随着互联网的发展所变化。因此,假设在初始时刻 $t = 0$ 时,系统有 m_0 个风险要素,在以后的每一个时间间隔中,度为 m 的节点 $(m \leqslant m_0)$ 会不断发生变化。度为 m 的节点与其他节点产生连接的概率为 $P(k_i)$, 正比于原有节点的度 k_i。在真实的互联网金融系统下解释为:风险传染能力越强的要素对外界的传染能力越强,抵抗风险能力越差的风险要素越容易受到传染。一个节点所拥有连接边的概率为 $P(k_i) = \dfrac{k_i}{\sum_j k_j}$, 该数值定义为当整个网络受到攻击时,该节点所能够累积的风险,以及将风险传染给其他节点的能力,是对不同互联网金融风险要素的综合评分。

同理,一个节点所拥有连出边的概率为 $P(k_i)^{\longrightarrow} = \dfrac{\overrightarrow{k_i}}{\sum_j \overrightarrow{k_j}}$, 该数值表现的是某个节点的传染强度。从互联网金融风险的演化机理分析,假设互联网金融系统产生不稳定状态前只有一个风险源 i, 如果风险源 i 会导致其他风险的相继发生,则风险源 i 的影响能力越强,即 $P(k_i)^{\longrightarrow}$ 值越高。这表明一个风险源越有可能在系统中扮演系统风险的诱发角色,越需要受到关注;相反,该值较低则表明一个节点对外界的影响能力较低。

但是,风险源的真实传染能力也必须考虑到整个互联网金融系统中节点的脆弱性。因此还需要有节点被连入的概率: $P(k_i)^{\longleftarrow} = \dfrac{\overleftarrow{k_i}}{\sum_j \overleftarrow{k_j}}$, 该数值表现的是某个节点受攻击的灵敏性。该数值越大,表明该节点越容易受到其他风险的传染,反之则越不容易受到外界的传染。

6.1.2 风险因子之间诱导关系的判定

本章构建网络的核心机理在于判断不同的风险因子之间是否存在直接诱导关系,如果存在直接的传染,那么将建立传染双方的有向线路。对于风险因子之间诱导和触发的判定，本章主要通过互联网行业历史中和现有的文献理论综合进行考究。因子之间的诱导关系如图 6.1 所示，图 6.1 表示的是两个风险网络层之间的内涵与结构关系，图中节点 1 在所属网络中与其他节点存在风险联系，也与其他网络中的节点 2 和节点 3 产生联系，因此不同子网之间的关联形成于节点间的相互连接。在现实情况中体现在一家互联网金融平台的内部操作失误导致线上交易出现紊乱，不仅会引起互联网金融平台本身出现危机，也会影响到最后的清算银行。

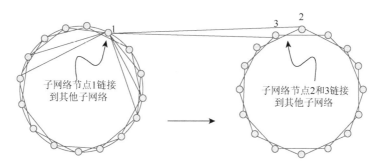

图 6.1　网络层级间的结构与节点间的关联

6.1.3　图布局算法

在网络结构关系分析完成后，图布局算法可以使散乱的信息（信息多以点线的关系承载）通过一种清晰的方式呈现出来，并符合相应的美学标准。因此，本章采用了 Force Atlas 这一力引导布局算法，该方法能够将复杂的网络连接转换为较为优美的网络布局，并充分展现网络的整体结构及其自同构特征。该方法模仿物理世界的引力和斥力，自动布局直到力平衡，使图更加紧凑，可读性更强。

6.2　互联网金融风险传染网络的构建机理

6.2.1　互联网金融子网络

需要强调的是，为整个互联网金融风险系统构建网络是一个繁杂的工作。互联网金融系统不仅涉及了互联网金融自身风险，同时也与商业银行和监管方有着密切的联系。实现对所有数据的收集难度极大，因此完全通过数据建模来确定不同风险之间的关联性很难实现。为了规避数据收集的限制，本章使用节点之间的关系来构建复杂网络，构建的图像为关系流网络。

综合对金融风险与互联网金融风险的研究文献[1][2]，互联网金融风险主要包括技术风险、操作风险、法律风险、信用风险以及业务风险。本章将互联网金融内部的风险主要类型分解成部分重要的细分风险，以此构建风险要素网络。

技术风险包括操作系统漏洞因子、病毒木马因子、内部信息泄露因子、身份伪造登录因子、网络传输因子、服务器维护因子、自然灾害破坏因子。与传统金融的风险相似，互联网金融内部的各个细分风险因子之间均存在相互传染[3]。从对外部的影响来看，技术风险类型会与其他风险类型产生跨类传染，主要体现在对操作风险类型、法律风险类型的影响。例如，操作系统漏洞、网络传输问题等都可能导致他人恶意侵入（操作风险类型）。内部信息泄露可能导致个人信息被滥用（法律风险类型）、造成用户起诉（法律风险类型）。

操作风险主要存在于互联网金融的经营模式中[4]，包括内部操作风险因子、恶意侵入风险因子、用户意外操作风险因子、服务商操作风险因子、外包技术风险因子和合作开发风险因子。部分细分风险因子之间会存在相互传染。例如，在服务商、外包技术或者合作开发的过程中，如果关系恶化，可能会引发合作伙伴恶意侵入进而导致风险发生。从对外部的影响来看，操作风险类型会与其他风险类型产生跨类传染，主要体现在对技术风险类型、法律风险类型、业务风险类型、企业运营风险类型的影响。例如，互联网金融企业与服务商、外包伙伴等发生纠纷后，由于现行法律的完备性限制，不能有效、及时地追究责任，这可能会使业务受到影响，降低用户对其的信任度，对整个企业的运营造成压力。

法律风险包括信息披露不完全风险因子[5]、滥用个人信息风险因子、非法融资风险因子、法律保护不完备风险因子、非法开展业务风险因子、用户起诉风险因子和国家政策风险因子。细分风险因子之间会存在相互传染。例如，法律法规的完善，令互联网金融企业无法掩盖其滥用个人信息的行为，事件曝光后还可能会遭受公关危机和用户起诉。从对外部的影响来看，法律风险类型会与其他风险类型产生跨类传染，主要体现在对信用风险类型、业务风险类型、企业运营风险类型的影响。例如，非法融资的互联网金融平台可能本身的业务模式便是"庞氏骗局"，企业的运营相比于传统金融而言缺乏行业规范，在抵抗资金流、市场周

① 贾楠. 中国互联网金融对银行业风险影响及其系统性风险度量研究[J]. 经济问题探索，2018，(4)：145-157.

② Yandiev M. The Theory of finance：a novel finance model being formed on the Internet[R]. Moscow：Moscow State University，2015.

③ Vieira T，Serrão C. Web security in the finance sector[C]. Barcelona：2016 11th International Conference for Internet Technology and Secured Transactions（ICITST），2016：255-259.

④ 尹海员，王盼盼. 我国互联网金融监管现状及体系构建[J]. 财经科学，2015，(9)：12-24.

⑤ Debreceny R，Gray G L，Rahman A . The determinants of Internet financial reporting[J]. Journal of Accounting and Public Policy，2002，21（4/5）：371-394.

期和利率等风险的能力很低，平台容易面临信用违约的风险。

信用风险在互联网金融中普遍存在，是系统风险防范的重要内容[①]，该类型包括期限错配风险因子、合同违约风险因子、虚假宣传风险因子、平台跑路风险因子。细分风险因子之间会存在相互传染[②]。例如，互联网理财产品的投资资产期限较长，而负债期限较短，使得互联网金融企业的理财产品可能无法及时兑付从而产生期限错配风险，最终演化成信用违约。从对外部的影响来看，信用风险类型会与其他风险类型产生跨类传染，主要体现在对法律风险类型、业务风险类型、企业运营风险类型的影响。例如，互联网金融平台发生合同违约后，可能会面临起诉或者监管者的惩罚，这会削弱用户对互联网金融业务的信心，从而影响业务活动的开展。

业务风险包括资金流风险因子、市场周期风险因子、利率风险因子、用户偏好风险因子和投资人关系风险因子。细分风险因子之间会存在一定程度的相互传染。例如，互联网金融企业无法以合理成本及时获得充足资金以应对资产增长或支付到期债务，从而造成资金链断裂的风险，这既有可能是由投资人关系波动引发的，也有可能是利率风险、市场周期所引发的。从对外部的影响来看，业务风险类型会与其他风险类型产生跨类传染，主要体现在对信用风险类型、企业运营风险类型的影响。例如，互联网金融的业绩影响到了其资金流的健康程度，这是由于大量的平台在开展业务的过程中通过融资、补贴的形式来吸引用户，这使得平台内部的资金流健康状况极为重要[③]。

此外，本章也将互联网企业的健康运营与战略选择考虑进来，即企业的运营风险，任何互联网金融企业都无法规避其自身在运营、扩张和战略选择上的风险。Acquaah 研究了企业管理人的经营经验与社区领导人能力在资源使用当中的重要性[④]。

互联网企业的健康运营与战略选择主要包括创新动力、行业内的竞争方式、企业形象、员工关系、人才引进、员工薪资水平、领导层决策、股权分配和集团母子公司关系。这些因素往往不能被量化，并且众多的互联网企业相关数据也难以搜集，因此极少被宏观互联网金融风险的研究所考量。本章通过综合互联网行

①　Smedlund A. Value cocreation in service platform business models[J]. Service Science，2012，4（1）：79-88.

②　Leduc M V，Poledna S，Thurner S. Systemic risk management in financial networks with credit default swaps[J]. Journal of Network Theory in Finance，2017，3（3）：19-39.

③　Debreceny R，Gray G L，Rahman A. The determinants of Internet financial reporting[J]. Journal of Accounting and Public Policy，2002，21（4/5）：371-394.

④　Acquaah M. Social networking relationships，firm-specific managerial experience and firm performance in a transition economy：a comparative analysis of family owned and nonfamily firms[J]. Strategic Management Journal，2012，33（10）：1215-1218.

业的发展与已有研究，判断风险因子之间是否存在直接诱导关系，从而将此类风险囊括于互联网金融网络层中进行分析。从该类型下的细分风险之间关系来看，细分风险因子之间会存在相互传染。例如，领导层决策会影响到企业形象、人才引进和员工薪资水平等，而员工薪资水平又影响到了人才引进的程度，从而最终影响到互联网金融平台的创新动力。从对外部的影响来看，企业运营风险类型主要集中在领导层决策的影响。例如，领导层和管理层是否会存在内部操作的风险，是否会有非法开展业务与非法融资的决定。

　　将上述六大类风险标注为A（技术风险类）、B（操作风险类）、C（法律风险类）、D（信用风险类）、E（业务风险类）、F（健康运营与战略选择风险类），每个类型下的细分风险的编号与属性见表6.1。

表 6.1　互联网金融子网风险因子标号及属性

节点名称	编号	节点名称	编号	节点名称	编号
A 类：技术风险					
操作系统漏洞	A1	病毒木马	A2	内部信息泄露	A3
身份伪造登录	A4	网络传输	A5	服务器维护	A6
自然灾害破坏	A7				
B 类：操作风险					
内部操作	B1	恶意侵入	B2	用户意外操作	B3
服务商操作	B4	外包技术	B5	合作开发	B6
C 类：法律风险					
信息披露不完全	C1	滥用个人信息	C2	非法融资	C3
法律保护不完备	C4	非法开展业务	C5	用户起诉	C6
国家政策	C7				
D 类：信用风险					
期限错配	D1	合同违约	D2	虚假宣传	D3
平台跑路	D4				
E 类：业务风险					
资金流	E1	市场周期	E2	利率风险	E3
用户偏好	E4	投资人关系	E5		
F 类：健康运营与战略选择风险					
创新动力	F1	行业内的竞争方式	F2	企业形象	F3
员工关系	F4	人才引进	F5	员工薪资水平	F6
领导层决策	F7	股权分配	F8	集团母子公司关系	F9

依据整个网络中不同节点度、连出度和连入度的大小，求出每个节点度、连出度和连入度的概率，以面积大小的方式表示出来，并根据 Force Atlas 模型对整个网络进行可视化排列，如图 6.2 所示。

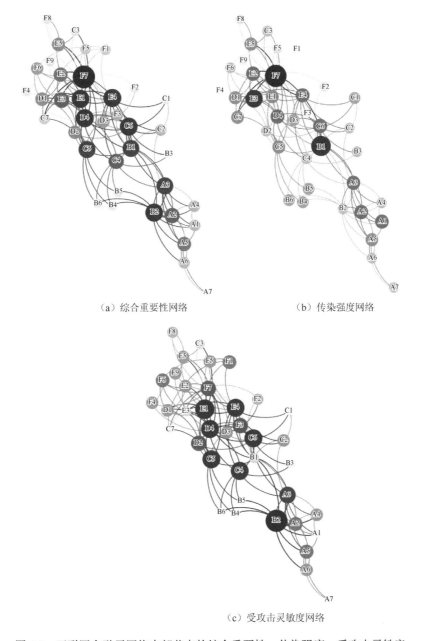

　　　　（a）综合重要性网络　　　　　　　　　　（b）传染强度网络

　　　　　　　　　　　　　　　　（c）受攻击灵敏度网络

图 6.2　互联网金融子网络内部节点的综合重要性、传染强度、受攻击灵敏度

图 6.2（a）中每个节点的面积大小为 $P(k_i) = \dfrac{k_i}{\sum_j k_j}$ 数值，用来衡量节点综合影响能力，目的在于突出互联网金融风险系统中占据重要影响力的因子。图像显示互联网金融风险层中具有最高影响的是 F7 节点（领导层决策因子），六种风险类型中最具影响力的是 F 节点（健康运营与战略选择风险类），其次分别是 E 节点（业务风险类）、C 节点（法律风险类）、D 节点（信用风险类）、B 节点（操作风险类）、A 节点（技术风险类）。

图 6.2（b）中每个节点的面积大小为 $P(k_i)^{\rightarrow} = \dfrac{\overrightarrow{k_i}}{\sum_j k_j}$ 数值，网络所展示的是每个节点放射出链接的大小，即对外界的传染强度。六大风险类在此网络中作为枢纽的作用，F7 节点（领导层决策因子）依然是最大的节点，B1 节点（内部操作因子）和 E3 节点（利率风险因子）表现出了较其他节点更强的传染性。内部操作风险可以通过金融企业的内部成熟管理体系来控制，唯有利率风险需要监管主体在宏观经济上的调控，但是一国利率所影响的是整个市场的经济水平，是不可避免的风险因素。

图 6.2（c）中每个节点的面积大小为 $P(k_i)^{\leftarrow} = \dfrac{\overleftarrow{k_i}}{\sum_j k_j}$ 数值，所表示的是节点受到攻击的灵敏度。现实含义是发生系统风险后会直接传染给该节点的风险数量。从大到小对六种风险类的排序是：F 节点（健康运营与战略选择风险类）、E 节点（业务风险类）、C 节点（法律风险类）、D 节点（信用风险类）、B 节点（操作风险类）和 A 节点（技术风险类）。

从现实意义来看，领导层决策节点作为度最大的节点，既是被很多因子接入的点，也是主动放射链接去接入其他风险因子的点，这是由于互联网金融平台无论是在业务的开展、合同的签订、融资的选择或是资金的使用、企业的管理、用户信息的利用等，都是由企业领导层决定。相反，法律法规的变化、市场周期的改变、技术带来的信息等也极大影响了企业领导者所做出的判断和对未来发展方向的抉择。从微观角度去考虑，由于领导层代表的是互联网金融企业，因此互联网金融行业被细分后应当是由一个个互联网金融平台所构成的，这样来看互联网金融行业不仅自身是网络当中向外扩散风险的部分，同时每个平台也极易受到行业内其他平台风险的传染。

技术风险类、操作风险类、法律风险类、信用风险类、业务风险类和健康运营与战略选择风险这六大类型风险的发生都会导致互联网金融平台有点对点的直接影响，而互联网金融平台自身的运作又间接地诱发了这些风险。任何一个风险因子都可以直接或间接地演变成其他风险，所不同的仅仅是演化过程所需要的路径长度。可以清晰地发现，风险的源头来自互联网金融企业的内部，来自每一个企业领导层对整个互联网金融市场的道德、法律知识和技术程度的认识，这为互联网金融系统风险的监管指明了道路。

6.2.2　监管子网络

对互联网金融的监管网络分析是一项复杂的系统工程，不仅需要考虑到互联网金融行业自身的内在因素，也需要考虑到监管模式。目前来说，从互联网行业搜集监管信息的成本非常高，对于监管者来说监管难度很大。但是考虑到互联网行业具备明显的马太效应和长尾效应，因此选择整个行业系统中较为重要的平台作为监管研究对象，不仅能够控制监管成本和提高监管效率，而且可以起到控制系统风险的作用[1][2]。本节将整个监管类型标注为 G 类，该类型下的具体影响因子是：规模准入、技术准入、经营许可、退出许可、监管力度、资金监管、舆论监管、法律完善、监管主体、地方政府。依旧采用风险诱导因素为敞口，通过分析每一个具体因子对于其他风险的直接传染能力，来构建监管层和互联网金融层之间的风险传递路径网络。

中国互联网金融的监管主体由中国人民银行、国家金融监督管理总局、中国证券监督管理委员会（一行一局一会）以及其地方有关部门两级监管，地方监管可以保证在宏观监管下实施具有地方特色的互联网金融业务，既保护了整个市场的稳定也有利于促进互联网金融的创新。因此监管主体应当是整个监管网络的核心，控制着所有监管因子的变化[3]。

互联网金融行业的准入、退出、法规等监管政策将直接影响到互联网金融企业的技术风险（A 类）、法律风险（C 类）、信用风险（D 类）、业务风险（E 类）、健康运营与战略选择风险（F 类）。例如，技术深度不够的互联网金融公司可能无法获得运营资格，一定规模下的互联网公司不能开展互联网金融业务，退出需要有关机构的批准等。通过该方面的监管手段，不但可以防止出现过度垄断、恶性竞争以及市场失灵，也可以保障参与网络金融投融资者的资金安全，尽可能规避网络技术、管理落后的企业进入互联网金融市场。

---

① 彭景，卓武扬. 制约股权众筹本土化发展的瓶颈及监管研究：以中美比较为视角[J]. 西南金融，2016，（4）：64-67.

② Battiston S，Puliga M，Kaushik R，et al. DebtRank: too central to fail? Financial networks, the FED and systemic risk[J]. Scientific Reports，2012，2: 541.

③ 尹海员，王盼盼. 我国互联网金融监管现状及体系构建[J]. 财经科学，2015，（9）：12-24.

目前来看，互联网金融的相关法律空缺以及监管滞后[①]。有关部门对互联网金融的监管也包括动态控制，如不断完善的法律法规、资金的真实性动态检测和舆论的及时控制。监管部门通过动态监管有助于加大风险的监管力度，提升行业的诚信度，从而影响到互联网金融的法律风险（C 类）、信用风险（D 类）、业务风险（E 类）、健康运营与战略选择风险（F 类）。

资金监管可以让互联网金融在宏观层面维持公平竞争的市场环境，并且通过资金监管，为互联网金融企业提供最后贷款人的保障。监管类型的具体影响因子的编号与属性见表 6.2。现阶段的监管对互联网金融的变化不够灵敏，各项监管因子均处于较低的影响力水平，B 类（操作风险）、E 类（业务风险）、F 类（健康运营与战略选择风险）等都无法直接与监管因子产生联系。可见通过现有监管手段还不能将互联网金融的所有风险全部囊括，例如黑客恶意侵入事件、不同用户对产品的喜好程度、互联网企业内部的员工关系等。

表 6.2　监管子网风险因子标号及属性

节点名称	编号	节点名称	编号	节点名称	编号
G 类：风险监管					
规模准入	G1	技术准入	G2	经营许可	G3
退出许可	G4	监管力度	G5	资金监管	G6
舆论监管	G7	法律完善	G8	中央监管主体	G9
地方监管主体	G10	地方政府	G11		

类似于互联网金融子网络，监管子网络的可视化如图 6.3 所示。

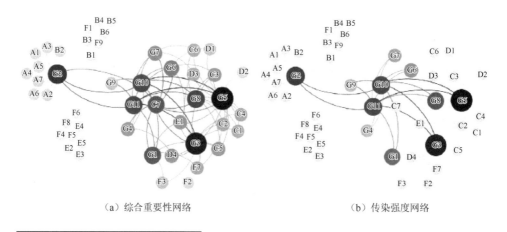

（a）综合重要性网络　　　　　　　　　（b）传染强度网络

---

① 彭景，卓武扬. 制约股权众筹本土化发展的瓶颈及监管研究：以中美比较为视角[J]. 西南金融, 2016,（4）: 64-67.

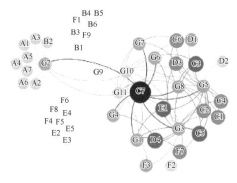

（c）受攻击灵敏度网络

图 6.3　监管子网络内部节点的综合重要性、传染强度、受攻击灵敏度

6.2.3　传统金融子网络

　　传统金融子网所描述的主要是互联网金融与银行业组成的复杂网络。二者作为中心节点，在几年近乎无限制的发展中逐步形成了竞争与合作的关系，该子网拥有直接生成、间接生成、接触式传染和非接触式传染四个分支[①]。

　　互联网金融为用户提供的服务侧面改变了货币供需和利率水平，对宏观经济的中介变量产生了影响，导致银行信贷扩张，货币需求下降，宏观调控的有效性减弱，最终引发银行业系统性危机的发生[②③④⑤]。

　　互联网金融用户不断增长并逐渐形成了对平台的依赖，如果互联网平台提供的支付服务出现突发性瘫痪且未及时修复，危机新闻经由传媒渠道迅速传播，引发"羊群效应"，导致投资者改变心理预期、挤兑现金等社会事件[⑥⑦]。将传统金融风险类型标注为 H，具体风险因子的编号与属性见表 6.3。互联网金融与传统金融之间发生连接的节点数量相比其他子网来说较少，两个网络之间

---

　　① 朱辰，华桂宏. 互联网金融对中国银行业系统性风险的影响：基于 SCCA 模型及逐步回归法的实证研究[J]. 金融经济学研究，2018，33（2）：50-59.

　　② 邹静，王洪卫. 互联网金融对中国商业银行系统性风险的影响：基于 SVAR 模型的实证研究[J]. 财经理论与实践，2017，38（1）：17-23.

　　③ Yandiev M. The Theory of finance：a novel finance model being formed on the Internet[R]. Moscow：Moscow State University，2015.

　　④ Haldane A G，May R M. Systemic risk in banking ecosystems[J]. Nature，2011，469：351-355.

　　⑤ Georg C P. The effect of the interbank network structure on contagion and common shocks[J]. Journal of Banking & Finance，2013，37（7）：2216-2228.

　　⑥ 姚禄仕，吴宁宁. 基于 LSV 模型的机构与个人羊群行为研究[J]. 中国管理科学，2018，26（7）：55-62.

　　⑦ Glasserman P，Young H P. How likely is contagion in financial networks？[J]. Journal of Banking & Finance，2015，50：383-399.

主要通过业务风险（E 类）和信用风险（D 类）作为传染路径。其中最为突出的是 H4 节点（网银服务），银行作为互联网金融交易的最终结算环节具有极其重要的作用，其网银的服务能力对整个互联网金融业务也具有直接影响（图 6.4）。

表 6.3　传统金融子网风险因子标号及属性

节点名称	编号	节点名称	编号	节点名称	编号
H 类：传统金融风险					
银行存款	H1	银行债务	H2	银行中间业务	H3
网银服务	H4	保险业	H5	货币基金	H6
利润	H7	银行信誉	H8		

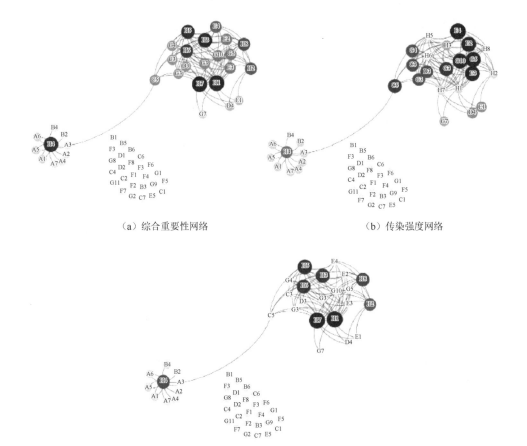

（a）综合重要性网络　　　　（b）传染强度网络

（c）受攻击灵敏度网络

图 6.4　传统金融子网络内部节点的综合重要性、传染强度、受攻击灵敏度

6.3　互联网金融下的金融整体系统风险网络

6.3.1　系统风险网络构成

综合上文对监管、互联网金融、传统金融进行的网络划分，可以证实互联网金融风险满足了系统的三个条件：由核心向外扩散所组成、各部分相互传染与影响、各部分有自己的独特性质。从而可见，互联网金融风险的构成实际上是一个多层次的、向外发散的结构，具有诱发系统风险的可能。另外，在对互联网金融的风险情况进行实际分析中，也不得不考虑用户带来的风险、国内外环境带来的风险、主要互联网金融业务类型带来的风险。因此，本章添加了部分的用户因素类型（I 类）、国内外环境类型（J 类）、互联网金融业务类型（K 类），具体的因子及其属性见表 6.4。

表 6.4　其他因子标号及属性

节点名称	编号	节点名称	编号	节点名称	编号
I 类：用户因素					
风险偏好	I1	工资水平	I2	消费水平	I3
投资经历	I4	风险承担水平	I5	资产水平	I6
银行信贷评价	I7	税收程度	I8	年龄	I9
地区分布	I10	当地经济	I11		
J 类：国内外环境					
国内创新	J1	国外创新	J2	国外行业水平	J3
国内行业水平	J4	技术交流	J5	国内外资金关系	J6
K 类：互联网金融业务					
支付服务	K1	保险服务	K2	投资服务	K3
信贷服务	K4	货币基金服务	K5		

为了更好地观察整个互联网金融系统中的节点连接、风险传染路径和系统结构，我们选择将上文构建的三层子网进行拼接来得到互联网金融系统风险网络。由于三层网络之间存在节点与节点的重合连接，因此三层网络必然能够组合为一个新的复杂网络。同理按照度、连出度、连入度这三种数据的大小得到基于 Force Atlas 模型的可视化图像，见图 6.5。

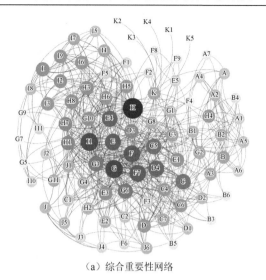

（a）综合重要性网络

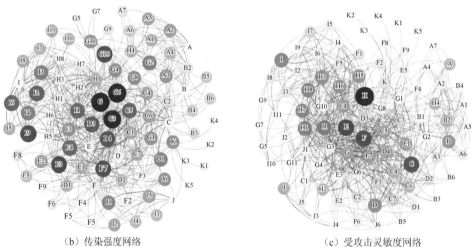

（b）传染强度网络　　　　　　　　　（c）受攻击灵敏度网络

图 6.5　整个风险系统的节点综合重要性、传染强度、受攻击灵敏度

6.3.2　系统风险网络特征

从互联网金融风险系统的关联结构图上来看，多个成分都会随着时空的变化而变化（如监管制度的不断完善、原有风险的消退和新风险的出现、新互联网金融业务的出现等）。因此，该系统是动态的，是一个复杂的多变量体系。在不断演化的过程中，系统为了维持在一个稳定的状态，需要 t 时刻下该系统内所有成分所构成的结构与外界环境相对平衡，这与 Holland 早期提出的复杂适应系统类似[1]。当

---

[1] Holland J H. Hidden Order：How Adaptation Builds Complexity[M]. New York：Addison-Wesley，1995.

外界环境出现随机突发因素并对该系统产生冲击后，该系统通常会自我适应，本章将互联网金融系统表示为

$$IFS(\delta,t) = [C(\delta,t),E(\delta,t),S(\delta,t)] \qquad (6.1)$$

其中，$IFS(\delta,t)$ 表示某一水平上的互联网金融系统；δ 表示该系统；t 表示测度时刻；C 表示互联网金融子网；E 表示监管子网；S 表示传统金融子网。互联网金融系统实际上是通过反馈机制来进行风险的自我调整，从而实现三个子网的平稳融合。

　　整个互联网金融系统风险网络特征如图 6.6 所示。图 6.6（a）与图 6.6（b）表现了在整个互联网金融复杂网络中，随意地摧毁游离于体系之外的节点并不会造成整个系统的崩溃，但是互联网金融风险系统是存在数个核心节点的。这些核心的重要节点列包括 G（风险监管）、H（传统金融风险）、F（健康运营与战略选择风险）等。

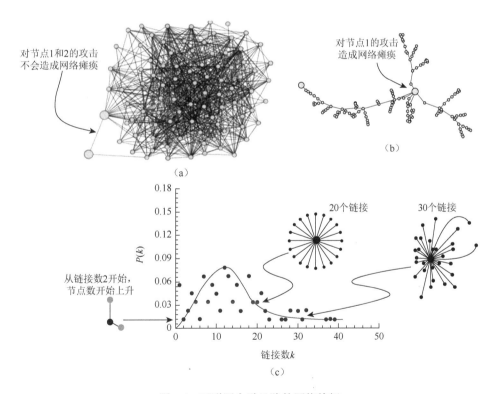

图 6.6　互联网金融风险的网络特征

　　图 6.6（c）是对每个风险因子的度分布图，图像表明该网络并不是显著的无标度网络。从 2 个链接开始，节点数量开始上升。20 个链接为整个风险系统的节点链接平均值，在此平均值之前图像呈正态分布，在此平均值之后图像呈现一定的幂律分布。

6.4　研　究　结　论

本章综合了不同学者的研究文献，选取了 72 个具有代表性的互联网金融风险因子，并据此提出了以风险因子作为节点的互联网金融风险传染网络模型。考虑到互联网金融是一个极其复杂的系统，在对一些难以量化的风险因子问题进行处理时，该模型具有较为直观的可视化能力，有助于结合微观和宏观两个角度去分析系统风险下的风险传染情况。

互联网金融子网的结果表明，系统风险产生的重要根源在于微观风险承担行为（microeconomic risk-taking activity）的"外部效应"，即单家公司（机构）的重大风险强加于全社会的损失要远远大于投资者本身遭受的损失。从现实意义来看，互联网金融平台当中具有强大实力的公司往往对自身的风险防控非常关注，反而与这些大平台有直接业务往来的普通互联网金融平台对其自身的风险不够关注。这些游离于重要节点外的小节点足够脆弱且不够独立，在监管的同时如果不加以重视，往往会成为导致互联网金融发生风险的源头。因此，对于互联网金融系统当中的任意一个节点来说，风险并不是选择与度最大的节点进行连接，而是和度最大的节点相连的节点建立连接的可能性最大，这足以体现互联网金融风险系统中风险的扩散性与其他复杂系统不同。

另外，互联网金融系统具有核心影响性。互联网巨头垄断着市场当中较多的用户流量，这使得互联网行业具有整体的长尾风险。从互联网金融产品的投资者性质来看，大部分参与互联网金融产品的投资者缺乏风险防范意识。究其原因，一是互联网金融平台大规模推广奖励机制，二是互联网金融产品大多都忽视了传统投资行为的烦琐身份认证，从而增加了互联网金融的核心风险性。因此，针对互联网金融的监管，需要重点关注大型互联网金融平台的业务活动情况。互联网金融系统中具备最高等级特性的是监管层，是影响整个网络繁荣或衰退的关键。因此，监管力度是控制互联网金融系统风险发生的重要因素，但是需要考虑到的是互联网金融监管层布局不到的风险节点。

第 7 章　基于 t-SNE 机器学习模型的金融系统风险空间聚集研究

大量研究表明互联网金融在宏观经济冲击、内部脆弱性等影响下，往往具有与以往不同的系统性金融风险特征。互联网金融同传统金融具有不同的空间聚集特征，本章运用 t-SNE 算法，研究我国互联网金融发展的空间聚类，通过对互联网金融多种业务发展的指数数据降维来提取局部空间结构，进而观察我国互联网金融发展聚类情况。

7.1　相关研究概述

7.1.1　金融发展与风险的空间聚集研究

互联网金融的虚拟线上空间发展，存在跨区域的特点。这带来了互联网金融发展区域和空间聚集的不均衡。一些学者对互联网金融区域发展、空间聚集进行了系统研究。北京大学互联网金融研究中心课题组编制了互联网金融发展指数，并对互联网金融空间聚集效应进行了分析（北京大学互联网金融研究中心课题组[1]，郭峰等[2]）。郭海凤和陈霄深入考察了中国网贷平台发展的地区差异[3]；廖理等系统分析了网贷平台借贷中的地域歧视[4]。王赛芳通过构建指标体系，基于因子分析和聚类分析方法实证研究了我国 31 个省区市（不含港澳台下同）的互联网金融发展水平及空间分异[5]。李清磊和王旺基于北京大学数字普惠金融指数数据，定量分析了安徽省金融发展的地域差距[6]。但总体上，受制于互联网金融数据缺乏，目前的研究多采用传统的统计分析的方法进行空间聚焦和差异分析。

---

① 北京大学互联网金融研究中心课题组. 互联网金融发展指数的编制与分析[J]. 新金融评论，2016，（1）：101-129.

② 郭峰，孔涛，王靖一. 互联网金融空间集聚效应分析：来自互联网金融发展指数的证据[J]. 国际金融研究，2017，（8）：75-85.

③ 郭海凤，陈霄. P2P 网贷平台综合竞争力评价研究[J]. 金融论坛，2015，20（2）：12-23.

④ 廖理，李梦然，王正位. 聪明的投资者：非完全市场化利率与风险识别：来自 P2P 网络借贷的证据[J]. 经济研究，2014，49（7）：125-137.

⑤ 王赛芳. 我国互联网金融发展水平及空间分异研究[J]. 农村金融研究，2016，（11）：33-37.

⑥ 李清磊，王旺. 安徽省数字普惠金融的聚类分析[J]. 市场周刊（理论研究），2018，（1）：132-133.

7.1.2　网络科学下的金融系统风险研究

互联网给商业、金融、工业等众多行业带来了机遇与挑战，其中互联网金融充分利用了互联网的优势，在一定程度上提高了金融资源配置效率，促进了金融的普惠发展[1][2]。但随着网络支付、P2P 信贷、众筹等互联网金融新模式的普及，P2P 平台违约、跑路等互联网金融风险问题频发，互联网金融的发展以及由此带来的系统风险成为学界和业界关注的重要问题。巴塞尔协议Ⅲ提出了宏观审慎监管的思路[3]，我国提出了"守住不发生系统性金融风险"的金融监管底线。

互联网金融带来金融系统结构的内在变化，复杂性和关联性增强，金融系统风险呈现区别于传统金融的不同特征。Onay 和 Ozsoz 分析了互联网金融与商业银行的贷款审批业务，发现互联网金融可以享受比较低的贷款利率[4]。吴成颂等运用沪深股市上市商业银行数据进行了互联网金融对商业银行系统风险影响的量化实证[5]。顾海峰和杨立翔基于中国银行业数据研究了互联网金融与银行的风险共担问题[6]。Klafft 对 P2P 行业进行分析，得出互联网金融的交易风险源于对贷款业务经验的缺乏[7]。张李义和涂奔从信息优势角度研究了互联网金融对同业市场利率的影响[8]。吴珂和谢晋雯基于 z 值评分模型识别互联网金融风险诱因和严重程度[9]，陈耀辉和杨宁建立 La-VaR（liquidity adjusted value at risk，流动性调整的风险价值）模型研究了互联网金融流动性风险[10]。兰翔选择中证 800 金融指数，运用 VaR 分析与 Copula 的方法对互联网金融进行了风险测量，结果表明互联网金融市场的 VaR（value at risk，风险价值）与 ES（expected shortfall，

① 谢平，邹传伟. 互联网金融模式研究[J]. 金融研究，2012，（12）：11-22.

② 刘柳，屈小娥. 互联网金融改善了社会融资结构吗？——基于企业融资选择模型[J]. 财经论丛，2017，（3）：38-48.

③ 巴曙松，朱元倩，金玲玲，等. 巴塞尔Ⅲ与金融监管大变革[M]. 北京：中国金融出版社，2015.

④ Onay C，Ozsoz E. The impact of internet-banking on brick and mortar branches: the case of turkey[J]. Journal of Financial Services Research，2013，44（2）：187-204.

⑤ 吴成颂，王超，倪清. 互联网金融对商业银行系统性风险的影响：基于沪深股市上市商业银行的证据[J]. 当代经济管理，2019，41（2）：90-97.

⑥ 顾海峰，杨立翔. 互联网金融与银行风险承担：基于中国银行业的证据[J]. 世界经济，2018，41（10）：75-100.

⑦ Klafft M. Peer to peer lending: auctioning microcredits over the Internet[C]. Dudai: The International Conference on Information Systems，Technology and Management，2008.

⑧ 张李义，涂奔. 互联网金融信息优势对同业市场利率影响的实证研究：基于商业银行经营决策分析[J]. 财经论丛，2018，（2）：47-57.

⑨ 吴珂，谢晋雯. 互联网金融风险诱因和严重程度的识别：基于 z 值评分模型[J]. 商业经济研究，2018，（22）：154-156.

⑩ 陈耀辉，杨宁. 基于 La-VaR 模型互联网金融流动性风险的研究[J]. 时代金融，2018，（32）：341-342.

预期损失）均高于传统市场，互联网金融市场本身可能具有更高的系统风险[①]。王立勇和石颖采用二层次 CRITIC（criteria importance through intercriteria correlation，基于指标相关性的权重确定方法）-灰色关联模型构建互联网金融风险评价体系，运用 VaR 方法度量互联网金融的风险[②]。另外，针对互联网金融风险传染问题，贾楠基于层次分析法分析了互联网金融在技术风险、操作风险、法律风险、信用风险和业务风险方面的影响，得出信用与技术是互联网金融中重要的风险传染因素[③]。朱辰和华桂宏根据互联网金融和银行业之间的相互作用，研究了互联网金融影响下的银行业系统风险引发和传染机制[④]。

　　关于金融系统风险的量化研究，一种思路是利用商业银行或金融市场的数据来建立系统性金融风险度量模型。例如，Illing 和 Liu 构建金融压力指数研究金融系统风险问题[⑤]。陈守东和王妍将极值理论引入到系统性金融风险度量中，从而证明金融机构市场价值的非正态分布特征[⑥]。王培辉和袁薇基于未定权益分析方法和动态因子 Copula 模型对我国金融机构系统风险进行了评估[⑦]。另一种思路将金融系统视为网络，利用网络科学的理论方法进行建模研究整体风险的静态和动态特征。巴曙松等[⑧]、Acemoglu 等[⑨]研究了金融网络及风险传染对金融稳定的影响，Axel 和 Luitgard 利用贝叶斯网络进行系统性金融风险评价[⑩]，Amini 和 Minca 研究了不均匀金融网络的风险传染问题[⑪]，贾彦东[⑫]、隋聪等[⑬]从网络视角进行了金融

　　① 兰翔. 基于 VaR 分析与 Copula 方法的互联网金融风险度量[D]. 济南：山东大学，2017.

　　② 王立勇，石颖. 互联网金融的风险机理与风险度量研究：以 P2P 网贷为例[J]. 东南大学学报（哲学社会科学版），2016，（2）：103-112，148.

　　③ 贾楠. 中国互联网金融对银行业风险影响及其系统性风险度量研究[J]. 经济问题探索，2018，（4）：145-157.

　　④ 朱辰，华桂宏. 互联网金融对中国银行业系统性风险的影响：基于 SCCA 模型及逐步回归法的实证研究[J]. 金融经济学研究，2018，32（2）：50-59.

　　⑤ Illing M，Liu Y. Measuring financial stress in a developed country：an application to Canada[J]. Journal of Financial Stability，2006，2（3）：243-265.

　　⑥ 陈守东，王妍. 我国金融机构的系统性金融风险评估：基于极端分位数回归技术的风险度量[J]. 中国管理科学，2014，22（7）：10-17.

　　⑦ 王培辉，袁薇. 我国金融机构系统性风险动态监测：基于 CCA 和动态因子 Copula 模型的研究[J]. 财经论丛，2017，（12）：43-53.

　　⑧ 巴曙松，左伟，朱元倩. 金融网络及传染对金融稳定的影响[J]. 财经问题研究，2013，（2）：3-11.

　　⑨ Acemoglu D，Ozdaglar A，Tahbaz-Salehi A. Systemic risk and stability in financial network[J]. American Economic Review，2015，105（2）：564-608.

　　⑩ Axel G，Luitgard A. A Bayesian methodology for systemic risk assessment in financial network[J]. Management Science，2016，63（12）：4428-4446.

　　⑪ Amini H，Minca A. Inhomogeneous financial networks and contagious links[J]. Operations Research，2016，64（5）：1109-1120.

　　⑫ 贾彦东. 金融机构的系统重要性分析：金融网络中的系统风险衡量与成本分担[J]. 金融研究，2011，（10）：17-33.

　　⑬ 隋聪，谭照林，王宗尧. 基于网络视角的银行业系统性风险度量方法[J]. 中国管理科学，2016，（5）：54-64.

结构系统重要性分析和银行业系统风险度量,邓超和陈学军[1]、欧阳红兵和刘晓东[2]利用复杂网络研究系统风险传染问题。

随着互联网金融发展带来的数据和资料的急剧增加,以及机器学习和人工智能的普及发展和深度应用,运用大数据、人工智能的思路和方法研究互联网金融发展区域差异、空间聚集,从宏观、中观层面找到系统性金融风险点并进行监管,是一个新视角,也符合巴塞尔协议Ⅲ的监管发展思路。本章基于北京大学互联网金融研究课题组收集的互联网金融发展指数数据,运用 t-SNE 算法构建模型,进行互联网金融区域发展的降维和聚类分析,解决互联网金融数据复杂性高和变量多而导致的维度过多问题,得到我国互联网金融空间聚集和不同业务模式(支付、货币基金、保险、投资)发展的分布特征,找出中观层面的系统风险因素,进而提出互联网金融发展区域差异造成的三个方面系统风险,并提出防范互联网金融系统风险的建议[3]。

7.2　数据来源和研究方法

7.2.1　数据来源

互联网金融发展指数由北京大学联合国内主要互联网金融企业,根据 2014 年1 月至 2015 年 12 月的互联网金融数据发展编制而成。本章选择了 31 个省区市与335 个地级市,共计 35 136 个数据用于实证研究。该数据囊括了四种业务模式指标,并通过时间戳体现在每一个城市上,变量多且维数高。传统的多元统计方法在处理这类实际数据时会遇到数据不符合正态分布的情况,也难以直接观察空间结构。本章采用 t-SNE 机器学习降维算法对众多数据进行训练、可视化和聚类,研究互联网金融的空间聚焦与业务发展的关系。

该指数将国内的互联网金融分为互联网支付、互联网基金、互联网信贷、互联网保险四种业务,是目前国内为数不多的互联网金融研究数据。在数据集中包括分地区互联网金融指数,分地区指数在计算的过程中考虑了各地区指数点位之间的横向可比性,计算公式如下:

$$A_{h,i,j,t} = \frac{X_{h,i,j,t}}{X_{i,j,t}} \tag{7.1}$$

---

① 邓超,陈学军. 基于复杂网络的金融传染风险模型研究[J]. 中国管理科学,2014,22(11):11-18.

② 欧阳红兵,刘晓东. 中国金融机构的系统重要性及系统性风险传染机制分析:基于复杂网络的视角[J]. 中国管理科学,2015,23(10):30-37.

③ 米传民,徐润捷,陶静. 互联网金融空间聚集分析及系统性风险防范:基于 t-SNE 机器学习模型[J]. 财经论丛,2019,(8):53-62.

其中，$A_{h,i,j,t}$ 表示 t 时刻下，h 地区第 i 类业务的第 j 个指标相对于全国总指数的相对值；$X_{i,j,t}$ 表示 t 时刻全国总指数的同业务同指标；$X_{h,i,j,t}$ 表示 t 时刻 h 地区的同业务同指标。

不同地区在某时期的互联网支付、基金、信贷、保险业务相对于全国系数计算公式如下：

$$B_{h,i,t} = \sum_{j=1}^{3} m_j A_{h,i,j,t} \qquad (7.2)$$

其中，$B_{h,i,t}$ 表示在 t 时期 h 地区第 i 类业务相对于全国总指数的相对系数；m_1、m_2、m_3 分别表示交易渗透率、人均交易额、人均交易笔数应占的权重，该指数中 $m_1 = 50\%$，$m_2 = 25\%$，$m_3 = 25\%$。

7.2.2　t-SNE 机器学习算法

t-SNE 由 Laurens van der Maaten 和 Geoffrey Hinton 提出[1]，后期经过 van der Maaten 的改进，分别在 2015 年和 2016 年提出了 LINE（large-scale information network embedding，大规模信息网络嵌入）与 LargeVis（large-scale visualizing，大规模可视化）算法，很大程度上降低了训练复杂度[2]。t-SNE 算法目前在降维、聚类、可视化的应用上取得了良好效果，Berman 等将 t-SNE 算法运用到对果蝇地面自由运动（即除了飞行）录像上进行降维分析[3]。詹威威等在高维脑网络状态观测矩阵中使用 t-SNE 算法，有效地解决了分散、交叉和散点问题[4]。本章选择的省级和地级市数据存在数据维度高且复杂的性质，包含有：四个业务模式、三百余个度量区域、二十四个时间节点。经典数据处理方法，如回归分析、主成分分析、相关性分析等针对稀疏和多变量复杂数据集往往只能体现总体的关联，忽视了局部之间的联系。而 t-SNE 算法使用高低维二者的联合概率，能够有效解决优化困难与维度拥挤的问题，使得降维后的数据较好地保持了原有流形结构。在本章中，运用 t-SNE 算法可将互联网金融指数有效映射为二维图像，有利于对整个互联网金融的发展进行观察，进而研究其系统风险情况。

---

① van der Maaten L，Hinton G. Visualizing data using t-SNE[J]. Journal of Machine Learnig Research，2008，9（86）：2579-2605.

② Tang J，Liu J Z，Zhang M，et al. Visualizing Large-scale and High-dimensional Data[C]. Montréal：The 25th International Conference on World Wide Web，2016.

③ Berman G J，Choi D M，Bialek W，et al. Mapping the stereotyped behaviour of freely-moving fruit flies[J]. Journal of the Royal Society Interface，2014，11（99）：20140672.

④ 詹威威，王彬，薛洁，等. 自适应加权 t-SNE 算法及其在脑网络状态观测矩阵降维中的应用研究[J]. 计算机应用研究，2018，35（7）：2055-2058，2070.

在高维空间中, t-SNE 算法采用高斯分布, 对于高维数据点 x 的低维对应点 y 而言, 可以计算条件概率 $p_{(i|j)}$ 来表示 i 点与 j 点之间的关系:

$$p_{(i|j)} = \frac{\left(1 + \|y_i - y_j\|^2\right)^{-1}}{\sum_{k \neq l}\left(1 + \|y_k - y_l\|^2\right)^{-1}} \quad \forall i, j \text{且} i \neq j \tag{7.3}$$

而在低维空间, 采用自由度为 1 的 t 分布, 以 $q_{i,j}$ 表示。

$$q_{i,j} = \frac{q_{i|j} + q_{j|i}}{2n} \quad \forall i, j \text{且} i \neq j \tag{7.4}$$

复杂数据降维过程中, 最理想的状态是高维空间样本点之间的相似度与低维空间样本点之间的相似度相同。t-SNE 利用 Kullback-Leibler 散度作为目标函数来判断差异, 从而实现最佳参数。

$$C = \text{KL}(P \| Q) = \sum_i \sum_j p_{j|i} \log \frac{p_{i|j}}{q_{i|j}} \tag{7.5}$$

利用梯度下降法实现的最小化迭代公式如下:

$$\frac{\delta C}{\delta y_i} = 4 \sum_j (p_{i|j} - q_{i|j})(y_i - y_j)\left(1 + \|y_i - y_j\|^2\right)^{-1} \tag{7.6}$$

在实验过程中有四个因素影响降维效果, 即概率模型的困惑度 (perplexity)、前期放大系数 (early exaggeration factor)、学习率 (learning rate)、最大迭代次数 (maximum number of iterations)。困惑度是对后期结果影响最为关键的因素, 它的作用是用来获得高斯分布的方差。条件概率矩阵 P 的任意行困惑度可以定义为

$$\text{Per}(P_i) = 2^{H(P_i)} \tag{7.7}$$

其中, $H(P_i)$ 为 P_i 的香农熵。如果高维空间概率分布的熵越大, 则数据集的变量不确定性越大, 从而造成处理后的数据在分布上更加平坦。反之高维空间概率分布的熵越小, 则数据的关联性越高, 处理后得到的数据越具有分布规律。香农熵与高维空间的概率分布关系为

$$H(P_i) = -\sum_j p_{i|j} \log_2 p_{i|j} \tag{7.8}$$

7.3　省级区域的互联网金融发展及系统风险分析

为了检验 t-SNE 算法的有效性, 通过与经典主成分分析的比较研究, 对 31 个省级区域 (不含港澳台) 的数值进行降维、聚类分析。

7.3.1　基于主成分分析的省级互联网金融发展及系统风险分析

　　主成分分析作为经典的数据挖掘算法被应用于许多数据挖掘场景。主成分分析通过线性投影简化数据，将高维数据映射到低维空间，尽可能保留原数据的内在信息。本章使用主成分分析将每个省份互联网金融发展状况降到 2 维，并在坐标轴上可视化，所得的成像效果见图 7.1（a），横坐标表示各省的发展指数大小，数值越大则发展情况越领先；纵坐标表示互联网的支付、保险、基金、信贷四大业务之间发展的均衡动荡程度，数值越大表明四大业务发展的体量越不均衡。

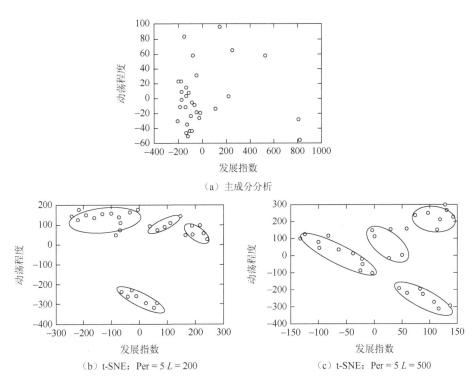

（a）主成分分析

（b）t-SNE：Per = 5 L = 200　　　　　　　（c）t-SNE：Per = 5 L = 500

图 7.1　主成分分析与 t-SNE 的省级互联网金融发展类效果对比

　　从主成分分析结果来看，31 个省级数据总体呈现出：个别省份发展迅猛、多数省份聚集的尖峰厚尾特征。但从互联网金融业务发展均衡程度上来观察，互联网金融整体发展优异的区域在业务间发展的差异性也低。这得益于发达地区互联网金融基础设施完善、互联网普及率较高、经济活力与消费水平旺盛。从图 7.1

来看，互联网金融总体发展程度较低的区域也表现出了不同业务之间的发展均衡现象，此现象可能是由这些区域本身互联网经济发展动力不足导致的。相比较于前两者而言，发展中游的城市出现了业务发展不均衡现象，说明互联网金融在发展中城市的巨大潜力，也令尾部依赖这一特征在系统风险积累过程中显得尤为重要。

依照主成分分析处理后的数值结果，将其依照大小排序，见表 7.1。东部沿海城市互联网金融发展速度远远超过内陆城市，西部城市大部分处于互联网金融发展落后阶段。该排名同时反映出在互联网金融的系统风险考量中，需要考虑城市在互联网金融发展中的重要程度。

表 7.1　基于主成分分析的 31 省级区域互联网金融排名

排序	1	2	3	4	5	6	7	8	9	10	11
区域	北京	上海	浙江	广东	江苏	福建	天津	湖北	山东	重庆	辽宁
数值 (x)	816.8	806.5	524.9	248.5	218.3	142.7	106.3	−19.8	−27.2	−49.1	−50.8
排序	12	13	14	15	16	17	18	19	20	21	22
区域	陕西	海南	安徽	四川	山西	河北	江西	黑龙江	河南	吉林	新疆
数值 (x)	−68.1	−79.7	−86.3	−89.4	−97.3	−109.2	−116.9	−122.1	−128.0	−135.2	−136.3
排序	23	24	25	26	27	28	29	30	31		
区域	宁夏	湖南	西藏	广西	内蒙古	云南	青海	贵州	甘肃		
数值 (x)	−136.6	−139.1	−151.2	−172.1	−173.3	−179.0	−186.7	−200.8	−207.4		

7.3.2　基于 t-SNE 的省级互联网金融发展系统风险分析

本章使用 Python 进行 t-SNE 算法计算，对 31 个省级区域的互联网金融系统风险进行分析。由于 t-SNE 是从非线性降维出发，将高维空间样本投影到多个二维空间映射图上，使用高低维双向概率分布，得出的结果具有随机性特点。本章结合了正则化技术来控制映射图，从而使得投影到可视化空间的样本点不但可以保持高维数据的整体结构，也保持了局部近邻点的关系。在 t-SNE 的数据处理中包括两个阶段，分别为前期放大阶段与后期性能选择阶段。实验中前期放大系数设置为 12.0，空间的联合概率通过乘以前期放大系数的方式逐步增加。重点调整困惑度与学习率，使得在单点近似区域实现迅速而准确的训练效果。不同参数下的分布形态、聚类效果见表 7.2。

表 7.2　不同 t-SNE 参数下的分布形式

困惑度	Per = 30.0		Per = 20.0		Per = 10.0		Per = 5.0	
训练次数	$L = 200$	$L = 500$	$L = 200$	$L = 500$	$L = 200$	$L = 500$	$L = 200$	$L = 500$
分布形式	均匀分布	均匀分布	均匀分布	均匀分布	聚类分布	离散分布	聚类分布	聚类分布

31 个省区市的聚类分布在 Per = 5.0 时更具备稳定的聚类特征,聚类效果如图 7.1(b)、图 7.1(c)所示,存在 31 个省级区域的聚类划分,大致划分如下。

Ⅰ级:北京、上海、浙江、广东。

Ⅱ级:江苏、福建、天津、湖北、山东、重庆、辽宁。

Ⅲ级:陕西、海南、安徽、四川、山西、河北、江西、黑龙江、河南。

Ⅳ级:吉林、新疆、宁夏、湖南、西藏、广西、内蒙古、云南、青海、贵州、甘肃。

比较图 7.1(b)和图 7.1(c),基于 t-SNE 的结果囊括了发展强、较强、中游以及落后的省份,聚类效果揭示了我国国内互联网金融发展特征:个别省份极端发展、多数省份聚集的尖峰厚尾现象。t-SNE 聚类结果更能体现互联网金融发展的区域性,有助于进行互联网金融的系统风险分析。

从图 7.1 来看,主成分分析算法能够清晰地反映出各省区市互联网金融发展水平,解释不同区域在诱发互联网金融系统风险中的重要性。但主成分分析成像在分布上出现了较为无序的子集杂糅,不能很好体现统计特性。一部分城市之间相互吸引,另一部城市之间却远距离分散,难以直观观察到不同区域在互联网金融的发展程度上的关系特点。

t-SNE 降维聚类结果呈现清晰的聚类团,不同互联网金融区域发展程度的界定更为明显。作为非线性算法,t-SNE 通过恢复数据低维度状态下的流行结构起到降噪作用,并体现数据内在关系,从而更好地反映降维前的系统特征[①]。使用 t-SNE 对 31 个省区市的聚类,反映出我国互联网金融发展过程中区域间相互关联的特性,这为监管部门对互联网金融系统风险进行分级分区域监管提供了数据驱动的决策参考。

7.4　地级市区域的互联网金融发展及系统风险分析

在上一节省级数据的横切面只有 31 类,无法体现更细节的互联网金融系统风险特征。本节将使用全国 335 个地级市(包括自治州、盟、地区)的多业务发展数据进行实验与分析。在处理数据的过程中难以避免维度拥挤和数据杂糅的问题,

---

① 姚雪曼. 基于流形学习的降维技术的研究与实现[D]. 北京:北京邮电大学,2017.

无法产生良好的聚类效果，因此本节主要探讨基于 t-SNE 机器学习算法的地级市层面的互联网金融发展系统风险聚类效果。

7.4.1　地级市互联网金融发展聚类特征分析

在地级市 t-SNE 机器学习聚类过程中，参数设置如下：前期放大系数为 12.0，困惑度为 30.0，训练次数为 5000，然后使用 K-均值算法对降维后的数据进行聚类，得到的聚类结果如图 7.2 所示，地级市的互联网金融发展情况汇聚成 7 大类，另外有一些地级市的点分散在 7 大主要类的附近。对于较大相似度的地级市的点，t 分布在低维空间中的距离稍小一点，即同一簇内的点聚合得更紧密；而对于低相似度的地级市的点，t 分布在低维空间中的距离需要更远，即不同簇之间的点更加疏远。

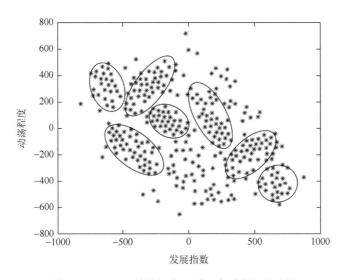

图 7.2　t-SNE 下的地级市互联网金融发展聚类图

7.4.2　地级市互联网金融发展关联特征分析

在利用 t-SNE 机器学习聚类过程中，通过参数调整，我们发现：当概率分布困惑度 Per = 10.0 时，数据分布产生了整体杂糅性，如图 7.3 所示。这说明，第一，互联网金融发展在地区之间的聚集分布不是完全性的，虽然主要是依从一个整体，但是存在空间聚集差异。第二，在图 7.3 中，地级市互联网金融发展区域分布以横纵坐标原点为中心向外扩散。横坐标的大小代表相对于平均水平的各城市互联网金融发展情况，纵坐标表示互联网金融的支付、基金、信贷、保险四大分业务发展的均衡动荡程度，这与上文中主成分分析算法得到的效果类似，也与互联网金融发展指数局部 Moran（莫兰）散点图得到的效果相似。游离在聚焦原点外的数据大部分是一、三、四象限分布，少数在第二象限。第三象限的坐标具体含义是：互联网金融发展指数较低、分业务发展的差异性很高，但是实验结果是第二象限呈现极少的散点分布。结合我国互联网金融发展实际情况，以及上述主成分分析聚类结果，可以看出，中国西部城市在互联网金融整体水平较低的情况下，分业务发展的均衡性却与发达城市相同的现象。这也印证了本章 7.3.2 节得出的中国互联网金融发展情况是个别省份极端发展、多数省份相互聚集的尖峰厚尾现象。

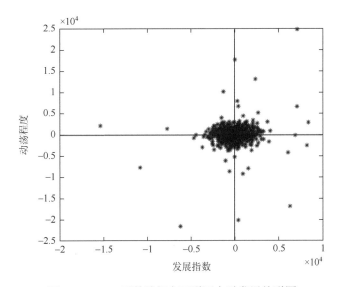

图 7.3　t-SNE 下的地级市互联网金融发展关联图

7.5　研 究 结 论

互联网金融给经济金融带来深刻影响，其风险问题也不容小觑。区别于传统的系统性风险度量研究方法，本章从风险传染视角，对高维数据进行降维和聚类处理，研究互联网金融在空间地理上的可视化展现与业务分布上的结构差异，得到了互联网金融发展的系统风险区域特征。从实证结果来看，t-SNE 算法能够较好地捕获系统风险发生的特征与薄弱环节，并得出互联网金融市场存在的尖峰厚尾等特征。

第8章　微观互联网金融风险波动研究

基于互联网技术的金融创新更倾向于利用新一代信息技术，如大数据、云计算等，在提高传统金融业务效率的同时，也推进金融本身的业务和商业模式创新。但辩证来看，互联网金融本质上仍然是金融，新一代信息技术的使用强化了互联网金融的隐蔽性、传染性和偶然性，降低了金融业务时间和空间的局限，给风险监管、风险管理带来了挑战。本章通过对 14 家互联网金融相关公司的实证研究，尤其是对阿里巴巴公司上市以来的财报进行分析，研究互联网金融科技公司与传统公司在风险上的不同特征。本章提出了综合考虑风险量和风险波动率，以及两者相关性的风险分析方法，并以 14 家全球具有代表性的公司进行实证。

8.1　相关基础

8.1.1　互联网背景下的公司风险

在当前的环境下，大量的互联网公司相互竞争用户群流量。这种竞争包括垄断原有的商业市场和投资新的商业市场。这已导致一些企业无利可图，或将自己置于未来无利可图的风险之中。互联网公司的商业模式认为价值不仅是由生产者创造的，而且由客户及其价值创造生态系统的其他成员创造的。从这个角度来看，一个公司在互联网行业需要在一系列领域进行战略投资和收购以获得更多业务和用户，并使用这些业务部署基础设施为用户服务，从而加强其在数字经济竞争中的优势地位。

因此，互联网催生了平台经济、共享经济等商业模式的发展，企业的价值与风险不再仅仅取决于企业自身的运营情况，而是更多受到客户等整个生态系统的影响，相应地，评估风险时也要考虑企业所在的价值创造生态系统。互联网金融是由互联网技术和金融技术组成的，在风险评估时，不仅需要考虑企业价值，也需要考虑互联网生态。因此，在研究互联网金融风险时，也需要考虑企业生态的问题。

8.1.2　互联网金融投资与并购

并购和投资作为一种跨企业的商业模式行为直接影响着整个互联网行业的延

续和利用，这促进了整个行业的发展。互联网金融公司也有着这样的特点，不断通过收购和融资增强自身的实力。

互联网技术模糊了行业之间的差异，降低了进入壁垒，导致竞争更加激烈，互联网公司被迫选择通过投资和收购直接获得一项技术或一项业务的使用权，以提高自身竞争力。这一趋势为现有互联网行业的投资和并购创造了生态环境。互联网行业的投资和收购在提升个人在行业中的竞争地位的同时，也会影响整个行业的不确定性风险。在互联网高度发达的今天，一个公司的风险可以迅速扩散到整个行业。这种风险会反映在风险波动的趋势上。

8.1.3　以阿里巴巴为例的分析

阿里巴巴是中国最大的电子商务公司，也是中国具有代表性的互联网公司。这种类型的公司非常重视数字经济的长期效益，以及网络流量的收购，不断加大在业务、投资收购和战略上的支出。从阿里巴巴的财务报告中可观察到，研究、开发、销售等费用稳步增长，而利息和投资收入以及运营收入却在下降。这表明，该公司目前的投资无法转化为实际回报。但公司收入增长较快，说明整体收支情况较为乐观。

从近年来的财务报告来看，公司新投资的业务很多利润率较低或为负值，投资的业务往往处于探索的早期阶段。这样的商业模式在吸引和转化低付费商家方面更有效。这些投资和收购并没有增加阿里巴巴的收入。相反，从 2018 财年到 2019 财年，阿里巴巴调整后的 EBITDA（earnings before interest, taxes, depreciation and amortization，税息折旧及摊销前利润）利润率从 42%降至 32%。表 8.1 显示了被阿里巴巴收购或投资的公司及其开设的相关业务主要包括：①研发拓展和增强核心竞争力的商业产品，包括支持阿里巴巴的物流网络、本地服务业务、新零售计划、直销和跨境电子商务；②扩大各种设施的建设，增加雇员人数；③研究和开发新技术，以改善技术基础设施和云计算能力；④在数码媒体及娱乐业务方面，采取一系列创新措施。

表 8.1　主要业务

核心业务	重点业务	主要服务
零售业务	淘宝，天猫，盒马鲜生，银泰百货，阿里健康，Lazada，AliExpress，Tmall World，Trendyol，Daraz	创新供应链、智能医疗和互联网医疗、无缝购物体验、数字化操作系统、店内技术、供应链系统、消费者洞察和移动生态系统
批发业务	1688，Alibaba	零售商的数字采购平台
物流业务	菜鸟网络	物流数据平台，全球物流网络，一站式物流服务和供应链管理解决方案

续表

核心业务	重点业务	主要服务
消费者服务	饿了吗，口碑，飞猪	在线旅游平台，点餐、点饮料
云计算	阿里云，Alimama	弹性计算、数据库、存储、网络虚拟化服务、大规模计算、安全、管理和应用服务、大数据分析、机器学习平台、物联网服务
数字媒体	优酷，阿里影业，大麦，阿里音乐，阿里文学	新闻推送、文学、音乐、在线视频平台、移动浏览器、影院票务管理、娱乐行业数据服务
创新业务	高德地图，钉钉，天猫精灵	导航、送餐和打车服务
科学技术	蚂蚁金服	数字支付、财富管理、保险和信贷

根据传统的战略理论，如企业的资源基础观或定位观，价值创造是一种供给侧现象，价值创造完全由生产者创造，而不是由顾客创造；竞争优势是以单一来源的资源或活动为基础的[1]。互联网行业商业模式的概念可能会挑战传统价值创造和价值获取理论的假设。与基于互联网商业模式的概念不同，价值创造是由供需双方共同提供的。价值不仅是由生产者创造的，而且是由客户及其价值创造生态系统的其他成员创造的。

因此，这里将阿里巴巴在一系列领域的战略投资和收购视为加强其在中国数字经济中的领导地位的重要举措。这些投资和收购并不以追求短期利润为主要目的，而是取决于该领域是否与当前的主要业务相关，或者是否为其业务发展提供基础设施、技术、服务或产品。这些产品可以促进用户活动，并持续为整个生态系统创造价值。然而，这样的战略投资和收购仍然会对阿里巴巴的财务业绩产生不利影响。例如，如果收购一家利润率较低或亏损的公司，如收购 Lazada（来赞达）和菜鸟网络等公司的控股权，这些亏损的公司在未来可能根本不会盈利。此外，阿里巴巴扩大业务、设施和员工规模的投资，还将涉及更多其他不可预测的成本风险，比如潜在的劳资纠纷、合规成本等。

因此，在考虑风险的过程中，必须考虑风险背后可能存在的生态价值。

8.2 互联网金融科技公司风险分析方法

8.2.1 风险波动率

原有的风险研究难以描述互联网行业新模式的风险。一些互联网公司具有优

---

① Massa L，Tucci C L，Afuah A. A critical assessment of business model research[J]. Academy of Management Annals，2017，11（1）：73-104.

秀的风险控制能力，这使得它们能够在数字经济中建立自己的地位的同时，在更高的位置上承受风险的波动。如果从风险量的角度来衡量风险，往往会发生失真。为了消除风险量对风险评估结果的干扰，我们重点研究风险在时间序列中的波动。价格波动可以代表金融市场对外部刺激（如突发事件或异常信息）的反应，是金融风险的重要指标之一。与其他风险波动的不同之处在于，本章的风险波动在一定程度上更关注企业的风险轨迹，称之为风险波动率。对于互联网企业来说，风险水平意味着不同的战略布局和不同的未来价值预期。虽然目前收购的公司和企业等商业模式不盈利，存在一定的风险，但可以为未来的生态环境构建和基础设施建设提供重要支撑。因此，只有排除风险量的干扰，才能从同一维度对不同企业的风险波动进行比较分析，本章基于风险波动率指数进行量化。

风险波动率指数可以追溯到 1993 年，当时芝加哥期权交易所发布了世界上第一个波动率指数作为参考基准[1][2]，用来反映市场情绪。欧洲期货交易所、法兰克福证券交易所、东京证券交易所等均推出了波动率指数，并发行了以波动率为核心的各类金融产品，成为投资者管理风险、资产定价和交易决策的重要工具。

指数计算中使用的数据来源于不同公司的股价数据。金融领域的实证研究发现：收益率的概率分布将偏离随机高斯分布，表现出尖峰厚尾的特征[3][4]。这种现象可以在不同时间尺度的金融数据中观察到。价格收益的非高斯统计分布使人们相信金融市场的价格动态不是一个随机的过程，而是有其独特的性质。因此，对于互联网行业，尤其是不确定性风险较大的互联网金融服务，我们关注的是极端市场条件下的风险损失。作为风险度量手段的极值理论[5]为我们提供了重要启示，极值理论主要包括两类模型：BMM（block maxima method，分块最大值法）模型和 POT（peak over threshold，超越阈值法）模型。其中，BMM 模型采用不同的统计方法对一系列独立且同分布的观测数据的最大值或最小值进行建模和分析，需要模拟大量的数据。对于互联网金融来说，上市公司的数量和上市时间往往是有限的，因为发展时间短，很难获得大量的数据。

相比之下，POT 模型比 BMM 模型更有效，POT 模型对数据量的依赖性较小。也就是说，通过选择超过一定阈值的所有样本的数据分布，可以得到企业尾部风

① Whaley R E. Derivatives on market volatility: hedging tools long overdue[J]. The Journal of Derivatives, 1993, 1（1）: 71-84.

② Fleming J, Ostdiek B, Whaley R E. Predicting stock market volatility: a new measure[J]. Journal of Futures Markets, 1995, 15（3）: 265-302.

③ Mantegna R N, Stanley H E. Scaling behaviour in the dynamics of an economic index[J]. Nature, 1995, 376（6535）: 46-49.

④ Gopikrishnan P, Plerou V, Nunes Amaral L A, et al. Scaling of the distribution of fluctuations of financial market indices[J]. Physical Review E, 1999, 60（5）: 5305.

⑤ Gumbel E J. Statistics of Extremes[M]. Brattleboro: Echo Point Books & Media, 2013.

险的分布。在 POT 模型求解过程中，极值法常采用广义帕累托分布。衡量风险的广义帕累托分布方法可以追溯到 Pickands（皮坎德）的理论，Larsén 等将广义帕累托分布应用于有限长度的极端风险的估计[①]。Dey 和 Das 将广义帕累托分布应用于飓风破坏数据，量化了飓风损失极端回归水平下的推断不确定性[②]。研究结果表明，随着时间周期的增加，模型外推的不确定性增加。Muteba Mwamba 等将广义帕累托分布应用于道琼斯伊斯兰市场指数、美国标准普尔 500 指数、亚洲和欧洲标准普尔指数，比较传统股票市场和伊斯兰股票市场的风险，研究表明，对于传统的股票市场，在极端事件中可能存在利润上限[③]。

这些研究表明广义帕累托分布可以应用于各个领域的时间序列风险评估。在此基础上，本章利用广义帕累托分布模型对企业的风险进行了评价。

首先，根据经典的广义帕累托模型，将函数设为

$$F(x;\mu,\sigma,k)=\begin{cases}1-\left(1-k\dfrac{x}{\sigma}\right)^{\frac{1}{k}}, & k\neq 0\\ 1-e^{-\frac{x}{\sigma}}, & k=0\end{cases} \tag{8.1}$$

其中，σ 为分布的规模参数，k 分布的尺度参数。$\sigma>0$，当 $k\leqslant 0$，$x\geqslant 0$；$k>0$，$0<x<\dfrac{\sigma}{k}$；当 $k=0$，该分布属于指数分布。

在 POT 模型中，预先设置一个阈值，将所有超过该阈值的观测数据组成一个数据集，并对该数据集进行建模，应用广义帕累托分布计算风险值。

Roth 等总结分析了两种求得阈值的方法[④]。

一种通过阈值稳定性图和超均值图法基于对图表的观察得到阈值。阈值稳定性图的原理是找到一个阈值 u_0，当 $u>u_0$ 时，其广义帕累托分布函数保持不变，则取 $u=u_0$。超均值图法则是根据其函数 $e_n(u)=E\big[X-U\big|x>u\big]=\dfrac{\sum_{i=1}^{n}(X_i-u)}{n}$，其中 i 为超过阈值的样本观测量，以 u 为横轴，以 $e_n(u)$ 为纵轴，得到相应的函数图，若在某个观测值之后函数趋向于线性，则可以确定这个观测值就是所需要的阈值。

① Larsén X G，Mann J，Rathmann O，et al. Uncertainties of the 50-year wind from short time series using generalized extreme value distribution and generalized Pareto distribution[J]. Wind Energy，2015，18（1）：59-74.

② Dey A K，Das K P. Modeling extreme hurricane damage using the generalized Pareto distribution[J]. American Journal of Mathematical and Management Sciences，2016，35（1）：55-66.

③ Muteba Mwamba J W，Hammoudeh S，Gupta R. Financial tail risks in conventional and Islamic stock markets：a comparative analysis[J]. Pacific-Basin Finance Journal，2017，42（4）：60-82.

④ Roth M，Jongbloed G，Buishand T A. Threshold selection for regional peaks-over-threshold data[J]. Journal of Applied Statistics，2016，43（7）：1291-1309.

另一种是利用拟合优度检验——KS 检验，KS 检验是比较频率分布函数和理论分布函数或者是两个观测值分布的检验方法，其检验函数定义为：$D_n = \sup \left| F_n(x) - G_n(x) \right|$，直到找到满足 $D_n < D(n,a)$ 的最小的 a，并作为阈值的分位点，n 为样本数量，a 为显著性水平。Hill（希尔）提出了一种求阈值的方法，称为 Hill 估计法。

将 n 个相互独立的样本观测值按照升序排列，满足 $x_{(i)} > x_{(i-1)}$，$i = 2, \cdots, n$，根据估计量：$h_{k,n} = \dfrac{1}{k} \sum\limits_{i=1}^{k} \ln(X_{n-j+1}) - \ln(X_{n-k}), k = 1, 2, \cdots, n-1$，并以 k 为横轴，$\dfrac{1}{h_{k,n}}$ 为纵轴，则选取图形中稳定区域起始点的横坐标 k 所对应的 k 值作为阈值 u。

一般来说，越高置信水平下极值模型越能捕捉到分布的风险特性，但是置信水平太高，可能会导致观测数据过少，导致方差增大，选择置信水平太低，则广义帕累托近似估计参数不成立，产生有偏差的估计量。在本章研究中，由于是对 14 家上市公司的数据进行实证研究，而非整个市场的高频数据，数据量较少，因而本章以 80% 的置信水平选取阈值 u。

首先，使用超额收益率来处理时间序列数据：

$$\mathrm{AR}_{i,t} = R_{i,t} - R_t = \frac{a_{i,t} - a_{i,t-1} - a_{i,t-1} R_t}{a_{i,t-1}} \tag{8.2}$$

其中，$\mathrm{AR}_{i,t}$ 为第 i 家公司的 t 时间的超额收益率；$R_{i,t}$ 为第 i 家公司 t 时间的股票收益率；R_t 为 t 时间市场的无风险利率；$a_{i,t}$ 为第 i 家公司 t 时间的股票收盘价。

其次，通过对广义帕累托分布的密度函数进行极大似然估计，用超额收益率估计出不同时间段的广义帕累托分布中的尺度参数 σ 和形状参数 k。

假设 $X = (x_1, x_2 \cdots, x_n)$ 是关于广义帕累托的随机变量组，其中 $X_{(n)} = \max\limits_{1 \leqslant i \leqslant n} \{x_i\}$，则其密度函数为

$$f(X, \mu, \sigma, k) = \begin{cases} \dfrac{1}{\sigma} \left(1 - k \dfrac{X}{\sigma}\right)^{\frac{1}{k}-1}, & k \neq 0 \\[3mm] 1 - \mathrm{e}^{-\frac{X}{\sigma}}, & k = 0 \end{cases} \tag{8.3}$$

则样本的对数自然函数为

$$L(X, \mu, \sigma, k) = \ln\left(\prod_{i=1}^{n} f(X, \mu, \sigma, k)\right) \begin{cases} -n \ln \sigma + \left(\dfrac{1}{k} - 1\right) \sum\limits_{i=1}^{n} \ln\left(1 - k \dfrac{X_i}{\sigma}\right), & k \neq 0 \\[3mm] -n \ln \sigma - \dfrac{1}{\sigma} \sum\limits_{i=1}^{n} X_i, & k = 0 \end{cases}$$

$$\tag{8.4}$$

当 $k \leqslant 0$，$\sigma > 0$；当 $k > 0$，$\sigma > kX_{(n)}$。

Grimshaw[①]指出：当 $k>1$，不存在极大似然估计值。当 $k=0$，需要满足对 $\forall 1 \leqslant i \leqslant n$，$x_i^2 = 2x_i$，所以 $k=0$ 可以不予考虑。需要考虑的范围是 $k \leqslant 0$，$\sigma \geqslant 0$ 以及 $0<k\leqslant 1$，$\dfrac{\sigma}{k}>X_{(n)}$。

下面求出其极大似然估计值，

$$
\begin{cases}
\dfrac{\partial L(X,\mu,\sigma,k)}{\partial \sigma} = -\dfrac{1}{k^2}\sum_{i=1}^{n}\ln\left(1-k\dfrac{X_i}{\sigma}\right) - \left(\dfrac{1}{k^2}-\dfrac{1}{k}\right)\sum_{i=1}^{n}\left(1-k\dfrac{X_i}{\sigma}\right)^{-1} + \dfrac{n}{k}\left(\dfrac{1}{k}-1\right) = 0 \\[3mm]
\dfrac{\partial L(X,\mu,\sigma,k)}{\partial k} = \dfrac{1}{\sigma}\left(\dfrac{1}{k}-1\right)\sum_{i=1}^{n}\left(1-k\dfrac{X_i}{\sigma}\right) - \dfrac{n}{k\sigma} = 0
\end{cases}
$$

$$(8.5)$$

得出：

$$
\begin{cases}
\dfrac{1}{n}\sum_{i=1}^{n}\left(1-\dfrac{\hat{k}}{\hat{\sigma}}X_i\right)^{-1} - \left(1+\dfrac{1}{n}\sum_{i=1}^{n}\ln\left(1-\hat{k}\dfrac{X_i}{\hat{\sigma}}\right)\right)^{-1} = 0 \\[3mm]
\hat{k} = -\dfrac{1}{n}\sum_{i=1}^{n}\ln\left(1-\hat{k}\dfrac{X_i}{\hat{\sigma}}\right)
\end{cases}
$$

$$(8.6)$$

由式（8.6）可知：可从二元参数估计转化为单元参数估计，即只要估计出 σ，通过式（8.7），即可估计出 k。

由于式（8.6）是基于 $\dfrac{\hat{k}}{\hat{\sigma}}$ 的封闭形式，所以令 $\dfrac{\hat{k}}{\hat{\sigma}}=\hat{b}$，即将估计 k 和 σ 转化为估计 b 和 k。那么式（8.6）转化为

$$
\begin{cases}
\dfrac{1}{n}\sum_{i=1}^{n}(1-\hat{b}X_i)^{-1} - \left(1+\dfrac{1}{n}\sum_{i=1}^{n}\ln(1-\hat{b}X_i)\right)^{-1} = 0 \\[3mm]
\hat{k} = -\dfrac{1}{n}\sum_{i=1}^{n}\ln(1-\hat{b}X_i)
\end{cases}
$$

$$(8.7)$$

其中，$b<X_{(n)}^{-1}$，同时为了确保极大似然函数的上界收敛，Zhang 提出了一种算法通过不断的数值迭代获得最终 b 的估计值，进而得出 k 和 σ 的估计值[②]。

令 $g(b)=\dfrac{1}{n}\sum_{i=1}^{n}(1-bX_i)^p - (1-r)^{-1}=0$，其中 $p=\dfrac{rn}{\sum\limits_{i=1}^{n}\ln(1-bX_i)}$，且 $r<1$，满足：

① Grimshaw S D. Computing maximum likelihood estimates for the generalized pareto distribution[J]. Technometrics，1993，35（2）：185-191.

② Zhang J. Likelihood moment estimation for the generalized Pareto distribution[J]. Australian & New Zealand Journal of Statistics，2007，49（1）：69-77.

（1）$g(b)$ 是关于 b 的光滑单调函数，除非 $r=0$ 或者 $X_1=X_2=\cdots=X_3$；

（2）当 $r<\dfrac{1}{2}$，$r\neq 0$，$n>2$ 时，$\lim\limits_{b\to-\infty}g(b)<0$ 且 $\lim\limits_{b\to\left(X_{(n)}^{-1}\right)}g(b)>0$。

通过数值迭代，能够找到唯一的估计值 $\hat{b}$，而 σ 的估计值则可以通过 $\hat{\sigma}=\dfrac{\hat{k}}{\hat{b}}$
得出。

由于广义帕累托分布中的尺度参数 σ 和形状参数 k 通过极大似然法确定，得到了极大似然估计值 $\hat{\sigma}$ 和 $\hat{k}$，设时间段 r，根据先前的推导过程，得出 VaR 计算式：

$$\text{VaR}_{i,m}=\mu+\hat{b}\left[\frac{n}{N_u}(1-p)^{\frac{1}{n}\sum\limits_{r=m'}^{m''}\ln\left(1-\hat{b}\frac{a_{i,r}-a_{i,r-1}-a_{i,r-1}R_t}{a_{i,r-1}}\right)}-1\right] \tag{8.8}$$

其中，μ 为阈值；$\hat{b}$ 为估计值；n 为样本总数；N_u 为超过阈值 μ 的样本数；p 为选择的置信水平；$\text{VaR}_{i,m}$ 为第 i 家公司在第 m 月的风险值；R_t 为 t 时间市场的无风险利率；$a_{i,r}$ 为第 i 家公司 r 时间的股票收盘价，r 与 $r-1$ 时间点包含在第 m 月内；m' 为第 m 月的月初；m'' 为第 m 月的月末。

将风险值在一定时期内的升降转化为斜率。

$$\text{RFR}=\frac{\hat{b}\dfrac{n}{N_u}\left[(1-p)^{\frac{1}{n}\sum\limits_{r=(m+1)'}^{(m+1)''}\ln\left(1-\hat{b}\frac{a_{i,r}-a_{i,r-1}-a_{i,r-1}R_t}{a_{i,r-1}}\right)}-(1-p)^{\frac{1}{n}\sum\limits_{r=m'}^{m''}\ln\left(1-\hat{b}\frac{a_{i,r}-a_{i,r-1}-a_{i,r-1}R_t}{a_{i,r-1}}\right)}\right]}{t} \tag{8.9}$$

正斜率表示风险的增加，负斜率表示风险的减少。

8.2.2　风险量分析

本节将以 Facebook（脸书）、PayPal（贝宝）、阿里巴巴、京东这四家具有代表性的互联网技术公司为例，将它们作为一组对比数据来说明本章所采用的风险量分析思路，为下文的比较分析奠定基础。值得注意的是，这四家公司都在经营或投资互联网金融业务，但是由于被投资的公司中有一部分并没有在股票市场上市，所以很难获得股票价格的数据，所以选择了它们的母公司，也就是上面提到的四家公司作为初步的研究对象。

首先，本节使用原始的风险模型来分析这四家公司的风险量，然后使用风险波动率方法对这四家公司的原始数据进行处理，最后使用了堆积面积图来表示每个公司的风险比例和整个数据集的风险变化趋势。由于叠加区域图的值是用相对高度来表示的，所以叠加区域图不会被不同类别的数据点覆盖或隐藏。

从图 8.1 可以看出：①Facebook 是最早上市的公司，早期风险较高，后期风险逐渐降低；②四个公司比较，PayPal 的风险最高，其次是 Facebook、京东和阿里巴巴。

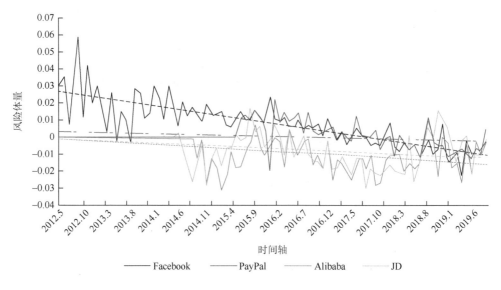

图 8.1　原始风险模型下的风险体量的比较

原始风险量并不能很好地描述风险大小。例如，阿里巴巴和京东的趋势几乎一致，Facebook 和 PayPal 的趋势也是如此。这个结果可能是由于主要业务所在的市场，阿里巴巴和京东的主要业务在中国，而 Facebook 和 PayPal 的主要业务在美国，受两国监管约束和市场环境的影响，导致同一国家的风险趋势基本一致。因此，在接下来的分析中，将考虑整体市场环境和宏观经济发展对风险趋势判断的影响。根据企业上市的股票市场和主营业务所在国家的重要证券市场，我们加入了 IXIC（Nasdaq Composite Index，纳斯达克综合指数）、DJIA（Dow Jones Industrial Average，道琼斯工业指数）、S&P（Standard & Poor's，标准普尔）、上证指数、深证指数和恒生指数进行更全面的对比分析。

8.2.3　风险量和风险波动率的相关分析

为了验证市场相关性的推测，下面使用皮尔森相关系数计算企业的风险量和风险波动率各自之间的相关性。

其中公司名称右上角带*为风险波动率测度值，其余的为风险体量值。

从图 8.2 可以清楚地看出：美国企业在风险体量上的关联度最高，在风险波动率中几乎不存在这种高相关性。

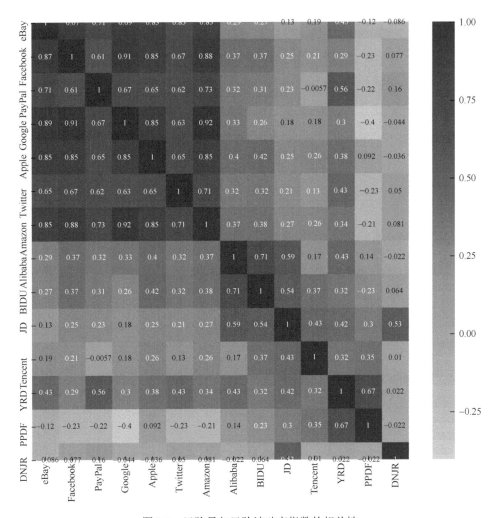

图 8.2　风险量与风险波动率指数的相关性

图 8.3（a）是风险波动率折线图，图 8.3（b）是风险波动率的面积图。从图 8.3（a）来看，一家互联网公司在任何时候都比较容易产生波动。图 8.3（b）显示了这四家公司的总风险波动率。由于排除了风险量对风险分析过程的干扰，因此可以很清楚地描述四家不同企业的风险大小。通过图片的纵坐标数据来比较四个企业在不同时间的风险大小。此外，这四家企业之间的周期性相关性也值得关注。

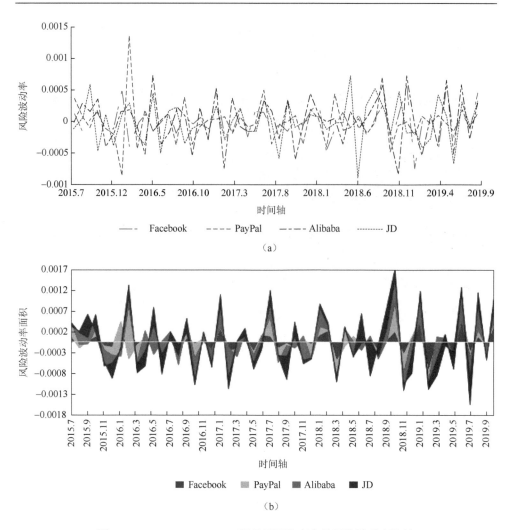

图 8.3　Facebook、PayPal、阿里巴巴和京东的风险波动率比较

　　虽然个别公司没有显示出显著的风险增长，但是每个公司都会显示出一定程度的风险增长，说明行业内的企业风险是共同上升的，行业整体有增加风险的趋势。在一个企业发生风险事件后，风险传染的程度和行业传染的成功率能够反映在其他企业的风险指数中。当一家公司有风险时，它可以快速将风险传染给其他公司。在一定时期内，行业风险将共同上升。如果行业中有良好的风险控制机制，阻止了风险传染的过程，那么风险将由个别企业承担，整个行业的总风险趋于稳定。

　　该风险分析方法的优点是一方面将宏观分析与微观分析相结合，另一方面，考虑了感染过程中风险的影响。另外，根据阈值的选取，可以用日、周、月等作为单位进行测量，并可以灵活变换所需的观测指标细节。

8.3　研　究　结　论

本章利用互联网金融和互联网科技公司的股票价格数据，构建了综合考虑风险波动率和风险量的风险分析方法。该方法可根据需要灵活切换所需的观测尺度，如日、周、月等。结果表明，这种新的风险波动率模型在比较风险分析中表现良好。风险值大的公司不一定具有最大的风险波动，风险值只能反映风险的大小，而风险的波动可以反映投资者在一定时间范围内的信心变化，可以更好地反映互联网公司的风险大小。通过这个思路，互联网技术公司可以了解自己在行业中的风险地位，监管机构可以及时观察行业的整体风险动态，从而预防和处理相应的问题。

第9章　互联网金融发展下的金融系统风险监管

互联网金融、金融科技的发展，给传统金融业带来了挑战，给金融创新也带来了新的风险。本章在前面章节研究基础上，从金融监管角度，给出建议，供金融监管部门和金融企业参考。

9.1　确立科学的金融系统风险监管理念和制度体系

9.1.1　形成宏观审慎监管理念

应实现从微观审慎监管向宏观审慎监管的转变。传统的微观审慎监管过于关注金融体系的各个节点，系统性不足；而宏观审慎的监管理念则是采取自上而下的方式，更关注从整体上把握系统的风险，认为体系内的各方主体或各个市场之间具有高度的关联性。宏观审慎监管理念与互联网金融系统风险具有的宏观性、传染性等特点正好契合。政府相关部门应转变监管理念，通过宏观监管，适时分析我国互联网金融可能出现的风险苗头，及时采取有效应对手段，防止互联网金融风险的传染与蔓延。当然，宏观审慎监管并不是排斥微观审慎监管，仍要对系统重要性平台、重要企业辅以微观监管，防止在系统内具有重要影响的企业出现风险事件而引发全行业的系统风险。

9.1.2　坚持开放与服务理念

以互联网金融为主要内容的金融科技在我国快速发展，一方面源于我国原有的金融系统尚不能满足我国经济发展的需求，为互联网金融提供了发展空间，另一方面得益于我国对以互联网为核心的科学技术的开发所持的积极态度，鼓励创新与应用发展。

对互联网金融的监管，以及在互联网金融发展背景下对金融系统的监管，也需要坚持开放和积极的态度，拥抱大数据、人工智能等新技术，加强同高校科研院所以及国内外同行的交流合作，提高金融监管的科学性、精准性。如利用大数据技术收集更全面的数据，用于银行欺诈行为的监测、风险预警机制的构建、反洗钱的推进等，另外，这些技术还能帮助我们进行证券非正常交易识别，实现保险的个性化计算等。

坚持金融是服务实体经济、服务广大企业和消费者的根本出发点，探索绿色金融和普惠金融、低碳金融的创新和发展。

9.1.3　健全法律法规制度

目前，我国对互联网金融进行专门立法的条件尚不成熟，当务之急是要在现有立法的基础上，对相关法律法规进行修订、补充和完善，以此弥补现有监管制度的空白与不足。首先要从法律层面界定互联网金融，确定其范围和发展方向，明确所需要监管的对象、行业准入门槛及各交易主体的权利义务等；其次国家立法机关要完善金融相关基础法律法规，如修改《中华人民共和国刑法》《中华人民共和国商业银行法》《中华人民共和国票据法》等相关规定，使之适应互联网金融的发展；最后协调相关部门有针对性地出台互联网金融监管制度、制定国家标准，严格实行资金第三方托管。还应大力推进互联网金融的人才储备和培养工作，加强互联网金融内部的自律建设和管理控制。

9.2　构建科学完备的金融系统风险监管网络体系

9.2.1　构建金融系统风险监管网络

对政府和整个市场而言，互联网的发展加剧了金融网络的复杂性，使得网络中的各个决策者面临更高的系统风险。政府监管部门需要从整体角度考虑，形成互联网金融系统风险监管的完备网络，做到"业务到哪里、监管到哪里"，达到"天网恢恢、疏而不漏"，为互联网金融未来的发展之路奠定基石。目前，整个市场高度活跃，处在一个高速发展期，需要市场无形的手和政府有形的手相结合，共同促进互联网金融行业的健康快速发展。

9.2.2　完善金融系统风险管控策略

基于金融业务、市场环境等的丰富、细颗粒度的金融风险数据，从金融系统整体形成金融系统风险识别、度量和评价能力。在此基础上，形成并完善金融系统风险管理策略，制定相应风险管控预案。

当互联网金融平台的规模扩大到一定程度时，需要完善风险管理体系使其与公司业务相配套，否则风险管理体系空有其表脱离公司实际。从部门职能的角度，组织结构规范化合理化，各层级人员依法履职，各部门之间相互协作，另设风险管理委员会负责风险管理事务的决策。

9.2.3　加强金融系统重要机构的管理

互联网金融机构种类繁多、鱼龙混杂，难以实现监管面面俱到，且互联网金融不比传统金融，搜集监管所需信息的成本非常高。因此，对监管部门来说，重点监管系统重要性机构是一种可取的选择，能够有效降低监管成本，并提高监管效率。2017 年中国人民银行在《中国区域金融运行报告（2017）》中提出，探索将规模较大、具有系统重要性特征的互联网金融业务纳入宏观审慎管理框架，对其进行宏观审慎评估，防范系统风险。在对这些重点机构与平台进行监管时，必须要求信息公开披露，保留所有交易行为记录，方便未来追责；除法律制度规定外，机构应承担相应的自律责任；机构在开展重要金融活动时，需事先报备活动事项，如投融资的额度限制、规模限制等。除此之外，还可以要求互联网金融系统重要性机构设立消费者保护基金，为系统风险设定事后赔付的资金，最大可能地解除消费者的担忧，也能有效防止出现更大范围的风险事件。

在现实互联网金融风险管理过程中，应当对具有系统重要性的互联网金融平台进行重点风险管控以实行目标免疫策略，并加快建设和完善各个平台的风险控制体系以抵御风险冲击，从而提高整个互联网金融网络的免疫密度，进而增强整个互联网金融系统的风险防范能力。

互联网金融网络中存在系统重要性机构，其在网络中地位特殊，需要将系统重要性机构与普通互联网金融平台进行区分，针对其特殊性提出一些监管要求，主要分成四个方面。其一，制定附加的资本要求，在对所有金融机构进行系统重要性打分之后，将得分最高的机构选作基准机构，制定基准机构的资本要求，其余互联网金融平台的附加资本要求则由其与基准机构的比值来确定。其二，对应前文风险管理委员会的设立，要求系统重要性互联网金融平台必须明确风险管理目标，设置风险管理委员会。其三，持续监测系统重要性互联网金融机构的风险水平，定期对其开展压力测试，再依据测试结果提出改进措施。其四，指派专人成立系统重要性互联网金融平台的风险管理小组，该小组负责推动制定风险应对措施和风险恢复计划，确保系统重要性机构在遭受冲击时能够快速反应。

9.2.4　重视金融系统风险网络关联特性

互联网金融下的金融系统具有多层关联性。金融系统风险具备明显的多层次性质，其主要由监管层、互联网金融内部层、传统金融层三个层面所构成。多源风险的叠加本质是产生于互联网金融内部层，并由该层传染或诱发传统金融业发生系统性风险。在对整个互联网金融系统性特征进行监管时，需要保持系统中的任何部分不能割裂于整体，有针对性地进行控制。互联网金融系统以各部分之间相互融合与变化来应对外界冲击和内生波动，从而实现整个系统近似处于较为平稳的状态。这样的自身调节包括较小的变化，例如监管层面通过制度的不断优化使得整个网络达到不易被冲击的稳定状态；但自身调节也可能源自较大的震动，例如某个核心节点受损导致整个网络损失了大部分结构，使网络最终不得不停留在了远不如从前规模的稳定状态。往往后一种调节伴随着节点的大面积损失、系统的整体性衰弱、节点与节点之间的链接纷纷断裂，也就是发生了互联网金融的系统风险。

互联网金融系统是由互联网金融子网、监管子网和传统金融子网构成，且三者间存在着多层关联性。此外，要想研究互联网系统，并且减弱由个人投资者缺乏风险防范意识以及与大公司合作的小公司缺乏风险关注的长尾风险带来的伤害，可运用超网络理论，研究互联网金融下的金融系统的稳定均衡性和系统风险的内在复杂特征。

9.3　重视金融系统风险的空间分布与传播

9.3.1　防范互联网金融的区域风险聚集与传播

互联网具有跨时间和空间的特点，互联网金融业务和风险也是如此。我国互联网金融系统风险需要注意区域性防范问题，避免区域性传染风险。前面章节研究发现：中国互联网金融发展主要集聚在东部沿海地区，呈现区域特征。这一方面增大了互联网金融系统风险的传染性，也反映出对聚集区域进行针对性监管的必要性。具体来说，东部发达地区体现出互联网发展速度极端化特点，该类区域经济金融发展水平高、互联网基础设施建设完善、互联网金融发展的需求与供给充足。这极大促进了互联网金融发展在空间区域选择上的倾斜；经济发展良好的地区互联网金融的发展较快，且伴随有互联网金融不同业务之间的发展差异；经济欠发达的西部地区虽然受到互联网跨时空障碍、方便快捷的优势影响，但互联网金融发展的速度与动力要落后于东部地区。这种互联网金融发展的区域性差异，可能带来互联网金融的传染性系统风险，在宏观监管过程中需要重点关注。

9.3.2　强化互联网金融发展系统性重要城市风险管控

从网络科学角度，网络中的节点间存在联系，不同节点的重要性不同，对网络的影响也不同。如果将全国互联网金融看成一个网络，聚类实证研究发现，北京、上海、深圳、杭州等城市是我国互联网金融发展突出的城市，对周边地区辐射效应也最为强烈。北京、上海基于传统金融中心基础，深圳依托微信相关互联网金融基础以及杭州依托蚂蚁金融为主的互联网金融发展，在互联网金融发展方面获得了良好的机会。朱晓谦等的研究发现，单个金融机构的危机可能导致整个金融系统陷入危机，用概率可以度量系统风险[①]。巴塞尔协议Ⅲ针对 2007 年金融危机提出了系统性重要金融机构的概念，要加强对系统性重要金融机构的监管。基于第五部分研究的结果，我们认为，考虑到互联网跨时空、集聚效应更强和风险传播更快的特点，除了关注系统性重要金融机构，有必要从中观层面，关注系统性重要城市可能给金融体系带来的系统风险。

9.3.3　关注互联网金融业务发展差异性风险

互联网金融业务发展的差异性，可在中观层面带来系统风险，需要格外关注。从分级业务的发展情况来看，互联网金融发展领先的城市在互联网支付、基金、信贷、保险四大业务上发展均衡，而发展中等水平的城市呈现了业务间发展高低不平衡的特征。这同 Allen 和 Gale 的研究一致，即从经济平衡的角度解释系统风险，考虑到经济发展不仅体现在总体量上的差距，实际上也需要参考各级市场的发展情况[②]。我们的研究认为，从系统内在联系的角度看，互联网金融发展处于中游的城市，其不均衡的业务发展意味着互联网金融发展存在市场差异，这也可能带来系统风险，需要在监管过程中关注业务发展的差异性。

9.4　研 究 结 论

本章主要基于前面的研究结果，针对我国的金融系统风险监管，从监管理念、监管网络体系和风险空间分布与传播三个方面，提出我国互联网金融发展下的金融系统风险监管的建议。

---

① 朱晓谦，李靖宇，李建平，等. 基于危机条件概率的系统性风险度量研究[J]. 中国管理科学，2018，26（6）：1-7.

② Allen F，Gale D. Financial Contagion[J]. Journal of Political Economy，2000，108（1）：1-33.